资深优秀教师告诉你 陪什么、怎么陪

你只是看上去在
陪孩子
写作业

王莉◎著

天津出版传媒集团

天津人民美术出版社

天津教育出版社

图书在版编目（CIP）数据

你只是看上去在陪孩子写作业：资深优秀教师告诉
你陪什么、怎么陪 / 王莉著 .-- 天津：天津人民美术
出版社，2019.11（2023.3 重印）

ISBN 978-7-5305-9339-4

Ⅰ.①你… Ⅱ.①王… Ⅲ.①学习方法 – 家庭教育
Ⅳ.① G791 ② G78

中国版本图书馆 CIP 数据核字（2019）第 248161 号

你只是看上去在陪孩子写作业
资深优秀教师告诉你陪什么、怎么陪

NI ZHISHI KANSHANGQU ZAI PEI HAIZI XIE ZUOYE
ZISHEN YOUXIU JIAOSHI GAOSU NI PEI SHENME ZENME PEI

出 版 人：杨惠东
责任编辑：鲁 荣 吕 慤
技术编辑：李宝生 姚德旺
出版发行：天津人民美术出版社
社　　址：天津市和平区马场道 150 号
邮　　编：300050
电　　话：022-58352900
网　　址：http://www.tjrm.cn
经　　销：全国新华书店
印　　刷：天津旭非印刷有限公司
字　　数：120 千
印　　张：16
印　　数：228001—243000
开　　本：710mm×1000mm　1/16
版　　次：2019 年 11 月第 1 版
印　　次：2023 年 3 月第 13 次印刷
定　　价：42.80 元

哪有什么岁月静好，只是你的娃还没上学吧

凌晨一点的朋友圈，一位妈妈推送了这样一条言辞恳切却又让人哭笑不得的信息：不要彩礼，嫁妆配好，送车送房，包办酒席，礼金全给孩子，唯一的要求是现在就接走，把作业给辅导一下，谁家的媳妇谁养！

一瞬间，沉寂的朋友圈炸锅了，各路家长纷纷要将自己的儿子、女儿提前送到亲家家去，说什么都不想留着过年了。想想之前已经曝出的多位宝妈不是心梗就是脑出血的新闻，家长们强烈呼吁要将"陪娃写作业"列入高危职业。

正所谓"不写作业母慈子孝，一写作业鸡飞狗跳"。身为段子手的宝爸宝妈想象力绝对不输熊孩子。最近，成语"远交近攻"大火，非常形象地描绘出了爸妈陪孩子写作业时的心情：孩子做作业时，家长离得远一点儿还能偶尔交流交流；如果离得太近，肯定会攻击他（她）！

只能说这一代家长真是好难啊！一位妈妈说老师要求用"ABCC"的格式组词填空，聪明的熊孩子果然毫不作难地发挥起来，很认真地看着妈妈说："小心妈妈、小心爸爸、小心姐姐……"请问你们对这个孩子到底做了什么，让他对家人如此防范？

一边是宝爸宝妈在高呼"人间不值得，陪读的爹妈伤不起"，另一边却是大家不断地惋惜着熊孩子跨出地球的想象力："早餐不能吃午餐和晚餐""比细菌还小的是细菌的儿子""孔子是我国最大的老人家""奶奶家一只狗养了我；奶奶家养了我一只狗；我家养了一只狗奶奶"……哈哈大笑完，我们认真地想一想，孩子做的也没啥毛病啊，难道细菌的儿子比细菌大吗？难道午餐和晚餐可以早上吃吗？

每位辅导孩子做作业的家长，都是在"人间历劫"啊。不顺心的时候只能看看书，才能调节好情绪。比如一位妈妈因为每天不得不辅导上小学的孩子写作业，为了消解掉负能量，她一时激愤就考了个小学教师资格证。这一消息无疑让父母圈再度沸腾了：孩子写作业，妈妈坐在旁边悠闲织毛衣的时代已经彻底一去不复返了，现在的父母织的不是毛衣，而是知识、复合人才和综合素质，现在的父母已经正式迈入了"陪娃写作业父母2.0时代"。

陪读的父母虽不是非要考证书，但是不学习是真的跟不上教学大纲的发展啊。一位妈妈说："翻开女儿的英语课外书，天啊，一页就有十几个我不会的单词！羞得我这个本科毕业生立马把书扔了。"

还有一位妈妈说："拜女儿学钢琴所赐，童年贫穷的我终于摸上了钢琴，更有机会研究乐理、音符、五线谱。每天晚上孩子睡后，我就在昏暗的台灯下眯起昏花的'老眼'，认真研究着那一根根黑线和一个个带尾巴、不带尾巴的'小蝌蚪'……"

优秀的家长们，明明是你们陪着孩子"一路打怪"，怎么变成自己不停升级，还一不小心就"文武双全"了呢？

一位妈妈怕自己会得产后抑郁症，就去考了个国家二级心理咨询师。

一位四十岁的妈妈，跟着儿子学了五年架子鼓，从开始的四肢配合极不协调，到现在穿一身铆钉装在公司年会上表演霹雳鼓曲，那霸道的气势让台下的90后都自愧不如。

一位妈妈为了能跟上时代，考了高中教师资格证、记者证、二级心理咨询师证、二级人力资源管理师证，现在正准备去大学当老师，并计划报考博士，和娃一起进步。跟上时代，才能拥有诗和远方！

孩子们，看来唯有你们，才能让我们这些70、80、90后父母人到中年仍然求知若渴、笔耕不辍啊！陪读虽然很累，但我们这一代优秀的父母却是越战越勇。

"小时候，我在写作业的时候，爸妈却在电视机前看电视剧，那时我就想着要快点长大，自己当了家长就可以看电视了。可为什么现在长大了，却还要陪孩子坐在书桌前……"

所以，你到底为什么陪读呢？是为了孩子说"妈妈，我不想学了"时，你为他（她）默默做出了好榜样？是为全职妈妈找到再就业的好机会？是为了让你家娃更聪明、活泼、有能力？

我想答案不言自明。

不管你是被"熊孩子"逼到崩溃，还是通过不停地拿证书来消解陪伴过程中的艰辛和压力，面对懵懂的萌（熊）娃，你需要的是在探索中发掘他的特长，将他（她）身上的闪光点不断地放大，再放大。

所以，你需要这本书，了解在陪伴孩子的过程中，你该让他（她）拥有哪些特质，你该如何培养这些特质，如何消解陪读过程中的负面情绪，缓解自己的压力，以及如何真的做到不吼不叫却能培养出优秀的孩子。

通过阅读，我们期待你能够用聪明的方法培养健康、快乐、聪明的宝贝，让他（她）一生都生活在爱中。

CONTENTS 目录

PART 1
为什么你只是看上去在陪孩子写作业

PART 2
陪写作业的六大误区

PART 3
陪伴有道，养出自主学习的好孩子

PART 4

学会六大技巧，轻松点燃孩子写作业的热情

PART 5

养成六大习惯，改变孩子的未来

PART 6
让正确的陪伴，成为孩子一生受益的起点

PART 7
陪伴孩子成长，遇见最好的自己

附录：敲黑板！
把孩子陪成学霸的独家方法与窍门

PART 1

**为什么你只是
看上去在陪孩
子写作业**

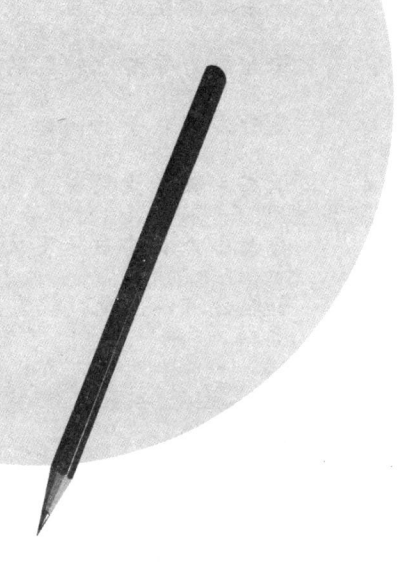

父母应不应该陪孩子写作业？任何事情都有两面性，陪有陪的优势，不陪有不陪的好处，没有绝对正确的答案。具体还要根据孩子的个体差异而定。当然对于刚刚入学的一年级学生或者自主能力、注意力、时间分配能力、自我管理能力等都比较弱的低年级同学来说，家长的陪伴可以及时发现孩子的问题，帮助孩子养成良好的作业习惯。对于高年级学生来说，要看孩子的个体差异，每个人的能力有大小，有些孩子发展得好，也许家长就少操心，有些孩子能力形成得慢，就需要陪伴更长的时间。

1.1 陪孩子写作业陪的是什么？

我听过很多家长的抱怨，特别是孩子上了几年学后，家长的抱怨会更多。经常听到家长说："自己的作业，每天都记不清楚是什么，不是忘了这个，就是忘了那个，愁死个人呀！"

自己的作业，为什么总是忘记呢？从校门里走到校门外就是这短短的几分钟，难道孩子就会形成记忆短路？这确实让人不可理解。

看完下边这个故事,您就知道,到底孩子们是怎么把自己的作业忘掉的。

今天，职场精英何莹要把自己刚刚六岁零三个月的儿子送进小学。一早看着儿子背着比自己肩膀还要宽的书包一步一回头地走进校园时，何莹的心情就格外复杂，既有不舍，又有担忧，有一种作为母亲的骄傲，也有着对儿子未来的憧憬，更有着绝对的自信——她相信自己的儿子肯定是那个"别人家的孩子"。

儿子第一天放学，她决定要给孩子一个具有仪式感的迎接。她放下了自己手里所有的工作，提前半个小时就来到了学校门口，当孩子在老师的带领下，从校园里出来的瞬间，何莹的心都提到了嗓子眼，她没有想到自己会如此紧张，她在队列中寻找着那个最熟悉的身影——儿子龙龙。

找到后，她的目光就再也离不开儿子了。孩子衣服整齐，书包如故，她心里踏实了很多。当孩子们和老师道别之后，龙龙也开始在人群中寻找妈妈，当孩子看到她的一瞬间，突然停下了脚步，把书包从肩上放下来，扭过小屁股，把小脑袋扎进书包里就开始翻腾。

何莹紧赶几步走到儿子面前，一脸茫然地问："龙龙，你在找什么？"

"作业！"他一边回答妈妈的话，一边嘀咕："哪里去了呢？"

"我们回家再找，好吗？马路边上不安全。"妈妈关切地说。

"老师说，看到家长的第一眼就要告诉家长作业，否则就不是好学生。"龙龙一脸认真地对妈妈说。

"老师的意思是说，回到家里第一时间告诉妈妈作业吧？"妈妈用成人的思维翻译着老师的话。

"不对，老师说，看到家长的第一眼就要告诉家长作业。我在队伍里就看到您了，所以我现在就要告诉您。"孩子依然用自己的思维解释着老师的话。

这一刻，何莹哭笑不得。

如果我们用成人的眼光看孩子的思维，我们只能用"可爱"来形容了。可是站在孩子的角度，他们却是郑重其事地按照老师的要求来做事，也就是他们在认真地学习长大。《三字经》的第一句是"人之初，性本善"，孩子就像一张没有被污染的宣纸，洁白而有韧性，他们的未来有无限的可能，重要的就是我们这些手拿画笔的大人们，要在他们的身上勾画出什么样的图案？

很多时候不是孩子不愿意去完成作业，而是父母过多地用成人的思维消解了他们对作业的热情。父母总会习惯性地根据自己的社会经验，来判断孩子行事的对错。很多时候，恰恰是这样独断专行的方式，一点一点、一天一天地扼杀了孩子对于作业的"忠诚度"。

作业是什么？就是学生根据学校设置的课程，对照课程要求，在家或者学校里完成的任务。无可非议，作业是老师布置给孩子的，孩子们是第一聆听者，他们对作业的解释应该是最准确的。可是我们父母在陪伴的过程中，往往忽略孩子们自己对作业的理解，而赋予作业新的含义。

出现这种情况，不是龙龙的理解有误，而是作为家长的何莹读不懂儿子的语言。我们每个家长都知道尊重孩子是一件很重要的事情，我们尊重孩子的行为和喜好，但更要尊重他们自己对事物的理解，不要把自己的理解强加到他们身上。

其实面对龙龙，何莹只需静静地等上几秒钟，让他把作业拿出来交给自己，然后面带微笑地告诉他："你真是个好孩子！看到妈妈的第一眼，就把作业告诉了妈妈，妈妈为你骄傲。"这样的表述有两重作用：第一，肯定了龙龙是准确地完成了老师布置的作业；第二，表现了龙龙在妈妈心中的重要性，因为龙龙出色地完成了老师布置的任务，作为家长就需要赞美和表扬他。对于孩子来说，语言描述是一项重要的技能，是对孩子记忆力、执行力的综合检测。众所周知，好孩子都是夸出来的，而事情刚开始时的赞美和夸赞就更为重要。

想要成为一个更出色的家长，我们还要告诉孩子："你能够记住老师布置的作业，真是一个爱写作业的好孩子。"

　　任何一种赞美，如果是空洞的，那就丧失了它一半的意义。赞美的目的不是单纯为了赞美，而是为孩子指出"美"在哪里。孩子不知道作业是什么东西、和自己有什么关系很正常。但是他知道告诉家长作业内容就可以得到表扬，这就是一件好的事情。下一次，他还会主动告诉你作业是什么，以此获得再一次的赞美。

　　孩子之所以会把作业慢慢地遗忘掉，是因为孩子从最开始的时候，就从父母的嘴里得到了"你错了"的结论。对于一开始就是错误的事情，孩子为什么还要千方百计地记住呢？作业既然是父母否定自己的一个手段，那么还不如忘却，这也是符合心理规律的。所以，面对孩子的每一次作业，我们不要轻易地提出否定意见，也许你今天的否定，就是今后孩子对作业厌恶的开始。

1.2　老师说的和妈妈说的怎么总是不一样？

中国有句话叫"三岁看大，七岁看老"，所以一个人成功与否，和他小时候是否接受良好的教育有着直接的关系。一个孩子最终能够进入清华、北大这类的高等学府，成功的原因肯定是多方面的，但是有一点是绝对的，这个孩子具有一定的学习天赋。

但是为什么不是所有有天赋的孩子都可以进入理想的大学，或者在自己的领域里做出卓越的成绩呢？虽然原因有很多，但有一条是相同的，那就是孩子在从小的养成教育中存在着问题。

孩子的养成教育，一方面学校、老师起着重要的作用，另一方面父母也起到至关重要的作用。这两个重要的方面相辅相成，如果将老师完全看作源头，负责"授之以渔"，只能说这样的理解已经不符合时代的发展了。

玲玲是刚刚进入一年级的小姑娘，期中考试之后，她每天都会在学校学习三四个生字，这对于她来说是一件快乐的事情。老师布置给家长的作业是：可以让孩子在家里说说字是怎么记的，有兴趣的可以写一写。老师的作业要求是清晰的，"可以"不是必须，"说说字是怎么记的"是让孩子分析一下字，帮助孩子加强对字形的记忆。

　　低年级是小朋友学习汉字的关键时期，我们常用的三千多汉字，在小学一二年级的学习中基本可以完成一半。"有兴趣的写一写"，对于不同层次的孩子来说是不同的，有的孩子学习好奇心比较强，他愿意多尝试新鲜的事物。对于他们来说，写字不是一种要求，不是一种负担，而是一件有趣的事情，是一种游戏。

　　老师的作业很大程度上满足了不同学生对学习和自主学习的需求，而且符合学生的年龄。但是玲玲妈妈看到老师布置的这项任务，就对玲玲说："把老师教的字每个都写两行。"

　　对于刚刚六岁零八个月的玲玲来说，她不能读懂老师的要求，可妈妈是让她最具有安全感、最可以信赖的人，她完全相信妈妈的话就是老师的话，老师的话就是妈妈的话。可是一个字写两行，对于玲玲这个刚刚上学两个月的学生来说，有多难呢？妈妈不知道。妈妈觉得四个字，一行写八个字，一共也只不过是六十几个字，是一件很简单的事情。

　　妈妈不懂，玲玲刚刚六岁零八个月，她的小手肌肉群还没有完全长好。按照她的能力，一行字一般要写四分钟左右，八行要用将近半个小时，六岁的孩子集中注意力的时间是十五分钟左右。让她专注地做一件事长达半个小时之久，已经超出了她的能力范畴了。

　　另外玲玲属于注意力比较分散的孩子，她无法做到集中注意力的时间超过十五分钟。同龄的孩子，各自发育情况不一样，因此彼此的差异就会很明显。对于一个无法长时间集中注意力的孩子来说，就会需要更长的时间完成，也许是一个小时，也许是一个多小时。

妈妈这样给孩子布置作业有以下三个原因：

第一，妈妈不是专业的教育者，她不懂孩子的心理发展状况，也不懂什么样的作业适合孩子。

第二，对于成人来说，写几十个字是一件很简单的事情，但是对于一个六岁的孩子来说，写几十个字就是一件很难很难的事情了。玲玲的妈妈忽略了孩子的年龄特点。

第三，妈妈觉得自己的孩子很优秀，就应该是老师说的"有兴趣的孩子可以写一写"中的"有兴趣"的一类。

正是妈妈这种想当然让玲玲对写作业产生了恐惧，因为妈妈的要求是她力所不能及的。这样就会形成一个"她完成不好，妈妈生气，妈妈生气，让她紧张，她越紧张，妈妈越觉得孩子没有尽力，从而让妈妈的情绪开始波动，最终导致孩子对作业产生排斥，第二次作业会完成得更糟糕"的恶性循环。

而这个恶性循环的导火索是什么呢？是老师布置的作业，还是妈妈篡改了老师的作业呢？要回答这个问题，我们又要回到"家庭作业到底是什么"这个话题上来了。家庭作业是任课教师根据教学进度，配合学校的学习任务，布置的查漏补缺的学习活动，它检测的是不同学生在学习过程中的缺漏，所以孩子才是家庭作业的主体，而不是父母。

对于玲玲的作业，首先玲玲妈妈应该按照老师的要求，让玲玲说说自己是怎么记住这些生字朋友的。如果她说不上来，说明在课堂中她游离在学习之外了，属于学习态度有问题，妈妈可以借助这个查漏行为和老师取得联系，汇报孩子的情况，老师一定会在第二天的学习过程中多关注。

如果玲玲能够有条理地说出每个汉字是怎么记的，说明孩子已经掌握了今天所学习的知识。妈妈应该感到欣慰，说明孩子学得很用心，妈妈应该适当地表扬孩子，更好地激发玲玲第二天的学习热情。

如果孩子有的说得出来，有的说不出来，作为妈妈就应该帮助孩子找到说不出来的原因，引导孩子用正确的学习方法，记住说不出来的汉字，并告诉她对每个字都要认真地学习。这样的查漏补缺方式，不仅能让孩子习得知识，也会端正孩子的学习态度，提高学习的兴趣。

当玲玲完成第一层作业"说"之后，妈妈要尊重孩子的意愿，让她自己决定写哪个字，写多少。让孩子自己选择是她能够完成的底线，也是她有信心可以做到的事情。我们每个人都有一种先天的自我保护意识，面对困难的时候都会畏惧，并尝试着前进。其实人和动物的进攻方式很像，比如食肉动物狮子在进攻食草动物斑马时，它们也会先在斑马周围盘绕半天，在把握十足的情况下才会进攻。人也有这种自我保护的本能，孩子写作业需要一种心理的保护，在他们没有十足把握的情况下，他们不会贸然决定要写多少。所以孩子往往会选择自己能达到的标准。当然也有意志力薄弱的孩子，即使自己制订了标准也达不到，这样的孩子需要父母对其进行心理训练。

玲玲既然确立了学习目标，无论写多写少，她都是在认真地完成老师布置的作业。玲玲妈妈就应该给予表扬和鼓励，让孩子觉得自己是被认可的，才能树立她继续学习的自信心。

一个习惯的培养需要二十一天的坚持，一个态度的形成需要长期的磨砺。孩子在成长的过程中，都是一小步、一小步地在进步。如果按照父母认为的，把步子拉大，反而会让孩子身心俱疲。

1.3　没有标准的作业只会越写越差

我身边很多父母一说起陪孩子写作业，就会控制不住地抓狂，觉得很难、很痛苦。是什么让陪孩子写作业，特别是陪小学生写作业变成了如此痛苦的事情？很多家长会想当然地怪老师，说如果老师不留作业，就没事了。

根据教育部的规定：小学一二年级不留书面作业，高年级可以留一小时以内的作业，初中生的作业时间在一个半小时。这是国家的规定，所以不是老师的行为。我们常说"十年树木，百年树人"，一个人的成长不是一蹴而就的，一个习惯的养成也不是一朝一夕的，如果小学阶段没有养成良好的写作业习惯，那么到了初中甚至高中，更是无法完成各项作业，学习成绩必然不好。

冷静地看，这个答案父母也许有些难以接受——让孩子写作业变得痛苦的，恰恰是家长。在学校，学生有课堂作业，老师是严格的执行者，他们检查严格，落实严格，而到了家里，父母是执行者，标尺不同，差异明显。

闫璐是一个非常聪明的孩子，在妈妈的眼里他就是一个天才。六岁零七个月上学的他，认识的汉字数量远超同年级的小朋友，他可以独立阅读很多的书籍，即使没有拼音，他也能够流利地朗读。他做数学作业的速度很快，而且准确率很高。妈妈看闫璐的眼神都充满了骄傲，她希望自己的儿子在班里，乃至在学校都是最出色的那个，所以每次孩子放学回到家，妈妈都会用欣赏的目光看着儿子做作业。在妈妈的眼里，闫璐不是一年级的小学生，而是一个优秀的大学生、研究生，甚至博士生。

妈妈对闫璐的培养也是煞费苦心。闫璐爱看书，她就不停地给闫璐买书。闫璐认识的字不仅多，而且会写的字也多，他可以在不用拼音的情况下写上好几句话，这对于一个刚刚踏进学校大门的孩子来说，真的是一件了不起的事情！所以每次回到家里，即使没有作业，闫璐也会自己在小本子上写故事，写学校里的故事，写自己脑子里的故事，写自己想写的故事。最初他在妈妈给他准备的小本子上写，小本子的格子很小，闫璐不喜欢，就一个字占用好几个格子，妈妈并没有批评他，还是充满爱地看着他。

后来，闫璐不再用几个格子写一个字了，而是几行才写一个大大的歪七扭八的字，一个故事要用好几页纸，妈妈依然欣赏地读着，充满了骄傲和幸福。闫璐觉得更不过瘾了，写字的时候信马由缰，横起来看更像是一个弯弯的桥，竖起来看像一面快要倒塌的墙，明明是个方方的字，非要写得扁扁的，明明点在横的上边，他非要把点写到横的下边。结果妈妈还是笑眯眯地看着他，充满了慈爱和信任。闫璐这回放下了所有的担忧，无论是自己的小本子，还是老师的本子，无论是生字还是数字，都写得自由自在。

结果，他用同样的方法写老师布置的作业时，老师的态度和妈妈的态度却截然不同，第一次老师就严厉地批评了他，让他擦掉全部的作业，站在老师的讲桌旁又重新写了一次。当同学们都在教室内愉快地玩游戏时，闫璐低着头，痛苦地一笔一画地重新写着作业。

回到家，闫璐忘了老师的要求，依然如故。回到学校自然是挨训挨罚。闫璐开始讨厌写字了，开始不愿意再写小故事，不愿意主动拿起笔来写任何一个字。

短短一个月，闫璐从最初开始学习写字的乐此不疲，到满脸不开心地拒绝写字，问题究竟出在了哪里呢？

问题就在妈妈身上。我们说"没有规矩不成方圆"，所以做任何事情都要有一个标尺。写字的标尺不仅仅是会写、写对，还要规范、漂亮，就像我们做一道菜，需要色香味俱全，才可以称得上是美味佳肴。写字也一样，写得漂亮不仅仅是为了给人赏心悦目的感觉，更重要的是在写字的过程中，培养人做事的态度。古人云"字如其人"，中国的汉字蕴含着中国的文化思想，更沉淀着中国人的做人态度、人文气度。

不要小看把字写得七扭八歪、有大有小、没有章法，一个汉字中包含着孩子的观察力、意志力。如果孩子写作业的时候不好好写字，那么他的作业错误率就会提高。敷衍的态度让他做事不用心，"差不多就行"的思想早晚会害了他。

我们常说"态度决定成败""细节决定成功"，就是这个道理。我相信闫璐的妈妈肯定不会相信，正是自己在陪伴孩子写作业的过程中对孩子错误的放纵，才导致了孩子的问题。

我们经常说，天才必定是少数，更多的人是平凡的人。每个人的智商相差无几，在同一个班级上课学习，完成相同的作业，但是几年下来，孩子们的成绩却相差很远。这是为什么呢？因为孩子们刚刚起步的时候，标准不统一，好比我们测量一枚硬币的直径，有的用米做单位，有的用分米做单位，有的用厘米做单位，有的用毫米做单位。单位选取得越小，测量的结果越准确。同样道理，孩子们写作业的时候，父母把标准定得越精确，孩子们成才的机会才会越大。

闫璐的妈妈第一次发现闫璐写字不规范时，就应该问问他写大字的原因，如果真的是因为本子的格子太小，就应该给他换一个大格子的本子，把字写在格子里，这是对他最基本的要求。当妈妈发现闫璐写的字开始变得像弯弯的月牙儿时，就应该问问他为什么把字写成这样。如果他只是觉得好玩儿，我们需要告诉他，写字是一件严肃而重要的事情，和我们做人一样，写得不好别人也会不喜欢它，相信他一定会努力改正。如果妈妈发现他把写字当成一种游戏，就应该问问他这样写的原因是什么。妈妈应该告诉他，写字是一件快乐的事情，但同时也是一件神圣的事情，只有对它尊重，你才会更多更好地掌握生字朋友……

无论什么情况，妈妈一味给予孩子欣赏而肯定的目光，就是对孩子错误做法的肯定，正是这个错误信号的传递，才会引导孩子走上错误的学习道路。

1.4 作业仅仅是写吗?

很多时候我们做事都是盲目的,没有弄清楚事情的目的就开始奋不顾身地投入。陪孩子写作业这件事情,有多少父母思考过:写作业是什么?它仅仅是写吗?如果您回答"是",那就给孩子埋下了无穷的隐患,也是孩子应付作业的开始。

小博是一名五年级的男孩儿,聪明又淘气。小博上学几年没少让父母操心。妈妈提起他的时候,简直无法找到一个合适的词语来形容,一周不惹上两次祸,两周不到学校道歉一次,妈妈都觉得心神不宁,感觉会有大事发生。像这样淘气的孩子,他的作业肯定也是个大问题。

1.书写潦草。小博写的字没有几个人能认识,而且错字还多。

2.错误多。数学作业的错误率都在百分之七十以上,老师批阅完毕作业上一片红叉。

3.遗漏多。写作业时丢掉几道题是常有的事情,对老师布置的读书作业更是置若罔闻。

4.书包凌乱。每次交作业对他来说就像"挖雷",他的书包里,书、本子、卷子混杂在一起,拿一样总会带出一大堆东西,就是找不到要交的作业本。

小博的作业为什么会有这么大的问题呢？难道是他五年级的老师有问题？难道是他四年级老师有责任？或者是三年级、二年级、一年级的老师没有教育好他？

究其原因，其实是父母在低年级陪写作业的过程中，只关注了写作业中的"写"，而没有理解"写作业"其实是一种技能的训练，是一项综合的学习活动，是一个良好习惯的培养、基本素养的形成过程。

他的书包凌乱，很大的可能是在一年级入学的时候形成的。造成孩子书包凌乱的原因往往有以下几点：

第一，父母代替孩子收拾书包。这也许是最具中国特色的教育方式。孩子小的时候，父母帮助其收拾书包，因为父母老觉得孩子太小，没有做事的能力，既收拾不好又浪费时间，所以父母就亲自上阵帮忙整理。

第二，孩子没有接受过整理物品的训练，父母认为这种训练是不重要的。久而久之，变成了只要书包能够背走就可以了。

刚刚上小学一年级的学生，在上学之前基础不同。有些学生提前上了一年的幼小衔接学前预备班，学校会淡化学前教育课程，把对学生的常规训练分解到平时的训练中，比如让孩子认识新的校园，让孩子自己摆放物品。还有些学生没有学前教育的经历。对于这类孩子，学校会安排学前教育课程，安排专人、专时、专项地训练学生的入学基本技能。

但无论是哪种情况，一年级的班主任老师都会对孩子进行一项专门训练——整理书包，老师不仅会带领孩子在学校进行整理，还会把这项任务当作作业布置给孩子，让孩子在家里继续训练。

　　有些父母，特别是有良好的物品整理习惯的父母，会协助孩子一起整理书包，大小分开，功能分类，而且让孩子反复地操作。而有些父母，则会自己顺手帮孩子整理了。长此以往就会导致孩子对整理书包，进而是对一切物品摆放的不在意。这些孩子在学校的时候，书、本摆得混乱不堪，放学的时候需要长时间的整理；在家里的时候，就等着父母帮忙，甚至带什么不带什么都不关心。

　　整理书包是不是作业呢？当然是！把书包收拾得有序整齐不仅可以避免浪费时间，提高学习效率，也是对做事条理性的训练。万事都是相通的，整理书包有条理，做事也会思考先做什么，再做什么。

　　浙江杭州有一所学校有这样一项特殊的奖惩：学校每学期会组织两次对学生座位抽屉的考核，达到百分之九十五以上的整齐程度的班级奖励五百元班费，达到百分之百整齐程度的班级将被评为"学习习惯示范班级"。学生的抽屉中到底蕴藏着什么学问呢？原来该校的领导发现，有良好的物品摆放习惯的学生，成绩总能保持优秀，而学生抽屉凌乱者，他们的成绩往往不稳定，甚至是糟糕。

　　杭州的建兰中学也做过类似的实验调查，在随机抽样中，该校初二（3）班成绩排名前五的学生中，四名同学的抽屉一直非常整齐，一名同学比较整齐。该校副校长沈国强说："课桌的整洁度与学生的学习成绩，从某种意义上说，的确有联系。"

　　小博的父母忽视了老师要求孩子整理书包这项动手作业，就可能会让孩子逐渐形成做事没有条理的习惯。所以这些看似和成绩没有直接关联的作业，却和他最终糟糕的成绩有着密切的联系，甚至于和他淘气、爱打架也不无关系。因为按规则做事的人，通常不会随意地挑战班级和学校制度的底线。

在老师布置的作业中，有很多类似"整理书包"这类不用写的作业，而这类作业却常常被很多家长忽略。在低年级时，老师经常会布置让学生画一画的作业。例如：看了某本书，你的感受是什么呀，把你的感受画一画；中秋节的时候，让孩子们画一张中秋小报，把自己眼中的中秋展现出来；秋天了，树叶落下来了，赶紧捡几片树叶，做个树叶画吧！

但最终呈现在老师面前的，都是家长的"杰作"。绘画好的家长，画风严谨，构图漂亮；动手能力强的家长，粘粘贴贴，勾勾写写，但是唯独在画面上找不到孩子的童真、稚趣。对于这样的作业，父母认为不重要，重要的是计算本、写字本、作文本、英语本，似乎只有写在本子上的作业，才是真正的作业。父母的包办代替，给孩子们留下了什么呢？就是作业不是很重要，可以挑拣。既然不重要，孩子们为什么还要认真地对待呢？

父母对作业的狭隘认识，会不断地降低作业的意义和价值。老师布置"整理书包"的作业，是培养学生的自主学习意识的开始；老师布置"画一画"的作业，是为了激发孩子的创造思维和想象力；老师让孩子制作小报，是渗透给他们归纳总结的能力……每一项作业都承载着不同的教育内涵，但是父母的自作主张，却让某一项作业在某个时期所承载的使命大大降低。

1.5 "认真检查"是写作业的最高境界吗?

在父母要求孩子写作业的过程中,我听到最多的一个词就是——认真检查。几乎所有的父母在陪伴孩子写作业的时候,都会习惯性地说一句:"写完了,认真检查。"可事实上,初中生、高中生能够做到认真检查的都很少,更何况是一个小学生呢?要一个低年级的小学生"认真检查"真的是一种形式。

一位一线的老教师曾回忆说:"在我执教的三十年中,能够做得到认真检查的学生凤毛麟角,但要说没有那也是不可能的,一个叫吴嘉欣的小姑娘就是一个会认真检查作业的孩子。每次她写完作业,都不会急着交,而是坐在座位上,手里拿着一支笔习惯性地转动,眼睛却不错神地看着作业。有时候,我会反复催'还有谁没有交作业?'她都不会急着交作业,直到最后我说'再不交就不批改了',她才会自信地把作业交上来。在小学,我教了她三年,大小考试,她没有一次不是满分的,这样的学生我没有教过几个。"

既然认真检查是一项很难的学习任务,或者说是一种很难养成的习惯,那为什么老师和父母还要不停地让孩子认真检查作业呢?我们不得不思考，认真检查作业真的是我们最后的目标吗？是学生出色完成作业的最高境界吗？

小航和小威的父母是非常要好的朋友，两家人总是会定期聚会。两个男孩子又都是五年级的学生，同样的顽皮、好动，所以两个孩子也非常投缘。他们不在同一所学校，小航的成绩一直非常优秀，属于班里的尖子生；而小威就要逊色很多，成绩总是在良好的位置徘徊。

有一次放学后，小威的妈妈接他到小航家参加聚会。小威一到小航家，两个孩子就开始到卧室里写作业。两个妈妈叮嘱他们要认真写，写完以后家长要检查，如果写不好，就不可以玩游戏。也许是游戏的巨大诱惑，两个孩子写作业的速度都比平时快了很多。写完后，两个人就央求妈妈要玩游戏，两个妈妈说："你们两个彼此检查一遍，检查没有问题了再玩。"小航的作业禁受住了检查，基本没有错误，但小威的作业却是错误百出。小威妈妈感觉自己的颜面被孩子丢尽了，气愤地说："小航帮他讲讲，笨死了！"

小航指着第一道错题，问他："你知道怎么错的吗？"

原来小威把数字"6"抄成了"0"，小威说："我抄错数了。"

一贯严谨的小航追问道："你为什么抄错了呢？"

小威看着数字，手不自觉地放在脑袋上抓头发，他似乎在说给小航听，又似乎在自言自语："我为什么抄错了呢？我为什么抄错了呢？"

小航也不依不饶，说："对呀，你为什么抄错了呢？"

小威嘴里不再嘟囔，但是手依然抓着头发，似乎在思考这个他熟悉又陌生的问题。在平时的作业中，小威经常抄错数，每一次妈妈提示他抄错了的时候，小威都会快速地改过来，但是第二天依然还会抄错。尽管妈妈有时候也会非常气愤，但是从来没有问过他："你为什么抄错了呢？"小威自己更没有思考过这个问题。每次妈妈在他改正过来后，就会恼怒地补上一句："以后认真检查！"但是抄错数的问题依然没有得到改善。

小航继续带着小威改第二道错题，在这道题中，小威把"运出的货物"当作"运来的货物"计算了，正好背道而驰。小航又是一脸严肃地问小威："你怎么就把'运出'当作'运来'了呢？"

小威这回也变得严肃起来，他不再抓头发，也不再嘟囔自问了，内心有了少有的深思："对呀，我为什么就看反了呢？"以前的作业，他也时常出现这样的审题问题，不是不会，就是在审题的一刹那把题意弄了个"南辕北辙"，妈妈每次发现这样的问题，就会暴怒，说："让你认真点，你就是不听。你看看错的应该吗？气死我了！"最后也不忘补上一句："以后认真检查！"可是妈妈从来没有问过他，他自己也没有问过自己："为什么会出现这样的问题呢？"

小航每指出一个错误，都会这样不断地追问小威，而小威一个都回答不上来。但是小威的神情却显示出，这回他真的找到低分的原因了。此前，他总是在错了之后改正，改正之后继续犯错，从来没有深入地思考过，是什么导致了自己不断地出现同样的错误。现在他明白了，是因为自己做题的态度不端正。每次做作业，无论有多少错误，都有妈妈帮助自己查出来，顶多挨几句训斥，但是那又能怎样呢？妈妈还是妈妈，生过气后，

"认真检查"也就是一个习惯用语而已。

检查不是我们的最终目的，最终的目的是减少错误率，提高作业的质量。怎样才能保证作业质量的提升呢？其实真不在于做完之后的"认真检查"。一个人一旦犯了错误，是很难发觉自己犯错的，要扭转事态应该从源头抓起，也就是孩子在动笔的时候，就要保持认真的态度，最后才可以高质量完成作业，而我们往往会把"认真"二字忽略掉。

小威的问题，不仅仅是他自身的问题，妈妈在发现他的问题之后，只是让孩子走一个"认真检查"的形式，而不是追本溯源，没有扭转孩子在动笔前不认真的态度。如果小威从写第一个字的时候就意识到自己要看清楚了再动笔，就会避免很多不必要的错误；如果小威在审题的时候，静下来用心去读题，读懂题，就会减少因为马虎而形成的错误；如果小威每次算数的时候，都能屏息凝神地认真对待，他抄错数的可能性就会变小。

一个优秀的孩子，之所以优秀，不是因为他有认真检查的习惯，而是他有认真读题、认真思考、认真写字、认真画图、认真对比等习惯。

一个在一线工作了几十年的老教师，每次给学生进行考前辅导的时候，都会举一个让孩子们仰天大笑的例子,他说："当你把3+4算成6的时候，你会非常欣赏地肯定自己的决定，而且心里还会告诉自己3+4=6是对的。因为我们往往对自己的第一感觉是非常肯定的，而且很难更改，这也是为什么我们总是'当局者迷'的原因。所以我们要想把作业做对，就要把正确的态度放在做题之前。"

有研究表明：在多数情况下，一个经常得满分的学生比一个成绩经常在六七十分徘徊的学生的试卷，书写要更工整，涂改也少得多。因为优秀的孩子都是在慎重思考之后才落笔，他把"认真"两个字放在了写作业的第一步。作为父母，与其每天向孩子强调认真检查的重要性，不如让孩子在落笔前就认真对待。

1.6　奖励的尽头是什么？

面对鲜花和赞美，所有人都会有一种精神膨胀的感觉。在针对孩子做作业这件事情上，是用"鲜花"这样的物质催化好，还是用赞美这样的精神奖励更利于孩子的长期发展？对于孩子来说，也许这真的是一个很难回答的问题。

相信很多父母在孩子写作业的问题上都采取过很多的措施，我归纳为如下几种：

量化评价：制作表格，用评价表的方式，量化孩子的作业质量，最终让孩子在量化的标准上获得成就感。

补偿机制：以孩子能不能很好地完成作业当作补偿的标准。

物质诱惑：只要能够很好地完成作业，就给予孩子最渴望的物质。

精神诱导：只要能够很好地完成作业，就给予精神上的抚慰。

愿望满足：只要在一段时期内能很好地完成作业，就满足孩子的愿望。

还有其他形式的作业评价方案，无论是哪一种，最终都体现在父母给予孩子物质或者精神上的奖励。

在我们的工作中，单位也会采用类似的奖励机制来调动员工的积极性，为企业带来更多的效益。但是孩子的劳动付出是为了谁呢？他的效益获得者是谁呢？谁该为这份效益买单呢？想要回答这一串问题并不难：孩子是作业的主人，他是劳动的付出者。作业是对他一天功课的检测和提升，他才是最大的收获者。根据奖励机制谁付出谁受益，自然是孩子为他的作业收益买单才对，可是我们看到的现状却是父母成为买单者。

父母乐于看到孩子为了写作业而付出努力，他们觉得这是无可厚非的事情。作为孩子，他们也欣然接受一切的奖励机制带来的收益。但是，父母们试想，孩子今天要个小熊，买！明天要个冰棒，买！后天要个电脑，买！当我们给予了一切他所渴望的东西之后，我们还可以给孩子什么？当我们不能满足他的需求的时候，孩子是否还会对作业抱有热情呢？

心理学有一个著名的理论叫作"倒 U 形曲线"理论，它是说动机强度和工作效率之间的关系不是一种线性关系，而是呈"倒 U 形曲线"关系。中等强度的动机最有利于任务的完成；动机不足或过分强烈，都会使工作效率下降。也就是说，动机强度处于中等水平时，工作效率最高，一旦动机强度超过了这个水平，对行为反而会产生一定的阻碍作用。反应在学习上，如果动机太强、急于求成，就会产生过度焦虑的情绪。适度的焦虑和压力有利于学习效率的提高，但太强的动机、太多的焦虑和太大的压力反而不利于学习效率的提高，会降低学习的效率，干扰记忆和思维活动。

一般而言，父母会在如下两种情形下选择在作业上采取奖励机制：一是孩子写作业质量太差，父母内心非常焦虑、着急，希望通过鼓励来激发他写作业的热情，从而提升成绩；二是孩子作业的质量还可以，但父母对孩子有较高的期望，希望他可以完成得更好，因此想通过奖励机制激发孩子的潜力。不管哪一种，背后都有强烈的动机，就会给孩子造成一定的心理压力。在这种焦虑、紧张的情绪中进行"奖励"，不仅会"欲速则不达"，还会加重孩子的精神负担。

我始终认为学习是一种自觉的行为，懂得学习规律的父母首先要学会不把过强的动机和压力传导给孩子。一个习惯的培养固然需要一定的鼓励，但是如果作业质量完全依靠于奖品的激励，那么孩子所获得的学习动机虽强烈，效果却未必是最好的。

思睿的爸爸妈妈工作非常繁忙，在他的成长过程中，陪伴他更多的是姥姥和奶奶。姥姥和奶奶每天轮流负责接送思睿，回到家后还要看着思睿写作业。思睿已经习惯了这样的生活方式，而且对此也感到非常高兴，因为他既可以得到奶奶的随时关爱，也可以时刻获得姥姥的无限疼爱。

每天放学后，两位老人家都会帮思睿背书包、拿水壶。从学校到家门口，如果是妈妈带着走，二十分钟就足够了，可是两位老人带着思睿就要走上三个二十分钟才可以到家。他会一边走一边用小脚丫踢地上的小石子，他看到别人家的小狗会蹲下来看看；他看到树上飘落的树叶会捡起来，反复地摆弄。即使一路上什么新鲜玩意儿也发现不了，他也会蹲在地上告诉姥姥或者奶奶他累了，需要休息一会儿；或者他饿了，想吃点东西再走。当然，老人也总是给他备好了路上的吃食。因为在路上磨蹭得太久，老人会不停地催促他"快点走，一会儿回家还要写作业""快点走，你妈妈一会儿又会打电话说你了""快点走，奶奶累了"，但是思睿总会不紧不慢地按照自己的节奏走。

因为在路上他耽误了太多时间，到家写作业的时间就少了，因为妈妈还要让他练琴、让他背诗，所以奶奶也好姥姥也罢，会不停地说："你快点写作业吧！"为了让他更快一点，就会习惯性地加上一句"你快点，奶奶一会儿给你炸鸡腿吃""你快点写，姥姥一会儿让你去玩滑板"，总之老人家总会不自觉地主动给思睿各种奖励。在获得自己喜欢的东西的一刹那，思睿的动作会加快一些，但持续的时间只能用秒来计算，一会儿他就又放慢了节奏。这时，奶奶就会又补充一句："你快点吧，一会儿我让你吃根雪糕。"姥姥也会补上一句："你快点吧，一会儿我让你看会儿动画片。"因为自己的缓慢而换得的奖励，思睿很开心，会立刻加快速度，但以后的日子，他写作业的速度却一天比一天慢，有的时候已经过了动画片播放的时间，奶奶做的饭都已经放凉了。短短几十分钟的作业，思睿会用上几个小时完成。

奖励真的能够激发孩子写作业的兴趣吗？也许这种短时的动力是强烈的，但是未必可以带来一个好的效果。最后思睿养成的习惯反而是：要想让他写得快，必须有附加的条件，没有条件他的速度就会超级慢。

家庭作业是什么？我们反复思考这个问题，家庭作业是孩子在家里借助一些形式检测课堂学习的情况，是对学校学习活动的查漏补缺，那么可以说，家庭作业是孩子学习过程中不可缺少的一个环节，是孩子必须承担的一项任务，或者是一个学生必须承担的责任。既然写作业是学习范畴内的事情，他就应该自主地、独立地完成。而在陪伴孩子写作业的过程中，父母给予的这种精神或者物质上的奖励，会让孩子在潜意识里觉得，作业是可以换取奖励的资本，是可以讨价还价的。

PART 2

陪写作业的
六大误区

孩子做作业时心不在焉，注意力不集中，小动作多，一会儿喝水一会儿上厕所，明明一个小时就能完成的功课却要拖上两三个小时。于是，在陪伴孩子写作业的过程中，父母常常痛苦不堪。殊不知，孩子不良习惯的养成，原因可能就隐藏在父母的陪伴过程中那些不经意的话语和习惯里。

2.1 父母最爱问的一句话——你写作业了吗？

很多家长朋友向我诉苦："我每天到家第一件事就是问孩子有没有写作业。"很多家长，特别是妈妈劳累了一天，真的连吃饭的力气都没有了，但是回到家里的第一件事情，一定是询问上学的孩子是否写了作业。当孩子回答"写了"时，父母悬着的心才会落下来。奇怪的是，父母虽然很少听到孩子回答"没写"，可是为什么老师还是会因为孩子没写作业和父母频繁地联系呢？是老师的统计出现了问题，还是孩子的回答出现了问题呢？这个答案是显而易见的。

小阳是五年级的学生，成绩大部分时间在班级垫底，偶尔也会取得比较优异的成绩。小阳家就住在学校门口的小区里，已经可以独自回家了。每天下午不到四点放学，小阳回家后有大约三个小时的独立时间，他已经被妈妈养成了进门第一件事就给父母打电话报平安的习惯。如果小阳四点还不到家，妈妈就会联系老师，所以小阳没有时间在路上边走边玩，但是报了平安后的时间就由他自己支配了。

老师留的作业，通常小阳用四十分钟就可以完成。老师偶尔布置的作业会多一些，他需要一个半小时才能完成。但是不管怎样，大约七点他的父母才会回家，他有很长一段时间属于自己。在这段时间里，他可以看动画片、看电影、听相声。不知道为什么上一节课的时间很难熬，但是看电视的四十分钟就像四分钟，一会儿时针就能在钟表上走完一圈。对此，小阳总是怀疑自己家的表是不是被妈妈遥控了，只要他一看电视，妈妈就设置了程序，让表针快速地走。

小阳心里惦记一个字没有写的作业的时候，会不由自主地看看钟表，暗示自己马上就关电视，赶紧写作业。在磨蹭了一个多小时，算计着再不写作业的话就无法向妈妈交差了，小阳才不情愿地回到自己的小房间开始写作业。打开作业本后，按照惯例他一定会再发一会儿呆，在发呆的瞬间，他往往会被随便的一支笔吸引了注意力。他把笔平放在桌子上，转上几圈，看看是越来越快还是越来越慢；也许还会再拿出一支笔，让它们互相较量，一支笔转得快了，一定会再加把劲转另一支笔，这样相互赶超。如此几圈下来，分针又转了大半圈。距离妈妈回来的时间只剩一个小时了。小阳意识到自己必须快马加鞭了，否则就要迎来一阵"暴风骤雨"。他定定神，按照记事本上的内容，开始完成第一项作业，此时已经过了六点，距离小阳回到家的时间已经过去了两个小时。这两个小时虽然很放松，但他却玩得并不自在。

快！快！快！这个时候无论如何都需要加快速度了，赶紧低头写作业。可是刚写了几道题，小阳又有可能因为翻书的时候，被翘起来的书角引走了注意力，他要用手中的笔，把书角压下去，压下去，压下去……可是书角不听话，总是下去了又上来，再压，再上来……小阳又进入了新的挑战游戏中。

这个时候，时针真的立刻就要指向妈妈回来的七点钟了。要扫清一切障碍，快写！于是就出现了自己明明知道留了三道题，却只做一道题，暗示自己另两道是"记错题了"。抄词的作业不仅要丢两个，还要连笔写上一大串，这样本该用四十分钟完成的作业，总会被小阳快速地压缩到二十分钟，赶在妈妈用钥匙打开门的一刹那，"完成"自己的所有作业。

自然，妈妈回来的第一句话就是："作业写完了吗？"小阳的回答一定是自信满满的——"写完了！"妈妈对乖巧儿子的回答也是满意得很，立刻觉得一天的劳累都消失了，浑身轻松了很多。妈妈会幸福地说："妈妈立刻给你做饭，你再学习会儿。"小阳也会得意扬扬地回答："好的。"

多么和谐的一幕啊，听到孩子自觉地完成了作业，妈妈立刻安下心来；听到妈妈口头的表扬，孩子就感觉一天的功课终于圆满完成了。

如此日复一日，最终的结果是什么呢？小阳的作业永远不达标，错误多、书写乱、丢三落四。如此的作业质量怎么可以起到对知识查漏补缺的作用呢？怎么可以提高他的成绩呢？而老师每次为了作业而请小阳妈妈来学校的时候，小阳妈妈也是满肚子委屈：自己劳累一天，回家后的第一件事情就是"检查"孩子的作业，怎么说自己没有起到家长的监督作用呢？一学期几乎天天不落地"检查"孩子的作业，孩子的作业怎么就是写得不好，成绩怎么就是上不去呢？

在成人的世界里，我们每个人说的话都是要负一定责任的。要是领导问你："工作弄完了吗？"大多数人都会实事求是地汇报，因为完成和没有完成只是状态不同，完不成可能是有一些不可控的客观因素，所以哪个答案都能让领导欣然接受。可是在孩子的世界里，父母的询问就是一次审判，孩子们惧怕这种"审判"的到来，对于后果的承担更是没有勇气，所以对于父母检阅式的询问："作业写完了吗？"孩子都会出于自我保护回答说："是。"父母用成人的标准测量着儿童的世界，所以出现了因为标准不同而造成的假象，并因此被蒙蔽。

如果小阳妈妈在吃完饭后追问一句："拿你的作业来，我检查一下。"由于父母有了实际行动，孩子就会有所顾虑，就不会毫无顾忌地应付了。

如果小阳妈妈再多做一些，跟小阳说："拿你的记事本来，我逐项对照检查一下。"更会减少孩子偷懒的可能性。

如果小阳妈妈在此基础上再深入一步，对小阳的作业逐项地做出评价，并让他自己改正，那么第二天小阳再做作业的时候，不仅会认真写完，还会再检查一遍。

如果小阳妈妈把检查作业的工作做好，效果就会截然不同。让孩子自己检查一遍，然后把错的题记录在错题本上，这样写作业才会起到真正的查漏补缺的作用。因为这种方式会让孩子区分出会的和不会的作业，对不会的作业又进行了追踪训练，得到了二次提升，写作业才可以真的起到作用。

同样是一句："你作业写完了吗？"一个是作为事件的结束语，一个是作为事件的开头语，二者所起到的作用是不同的。

2.2 父母最容易忽视的行为——拿来签名

人们常说"可怜天下父母心"，其实在当下，我们还可以加上一句"可怜天下老师心"。针对不同年龄段的学生，老师的工作重点和工作方法是不同的。一般来说，小学低年级的老师想问题会更加具体细致，不愿意放弃每一个细小的问题和环节。整体来说，小学老师对家长教育协同的需求度要高于初中和高中，毕竟孩子太小，很多事情还无法独立承担。老师更愿意父母参与到对学生的管理中来，所以很多老师喜欢让家长签名。比如：读了三遍书，让家长签名；听写完，让家长签名；做了口算，让家长签名……

同样是作业完成后父母签名，但签名和签名背后的故事却千差万别！

四年级的涛涛是老师眼里的"宝贝"，在学校只要有时间，老师就会给他辅导功课。要是遇到涛涛父母来接晚了，老师更是喜上眉梢，这样就可以多给涛涛辅导一会儿了。每次老师把涛涛交到父母手上的时候，都会多和父母叮嘱几句，"您回家先让他做什么，再做什么……您一定督促他把书读了，然后给他签名……"老师絮叨得似乎即将把涛涛领走的不是涛涛的父母，而是陌生人。每天老师都担心涛涛回到家后，一天的补习效果就会消失殆尽。

涛涛的妈妈和别人一起开了一间家庭式餐厅，专门负责给学校送餐。

涛涛在学校的时候很少说话，即使说话也是声若蚊蝇。可是回到家里，他的声音立刻提升了几十倍。在学校的时候，老师问他什么，他都是尽量点头，或者用"嗯"回答，但是一回到家，他的权力就释放了出来。妈妈说："涛涛，老师说了要赶紧写作业。"涛涛就会说："我都累了一天啦，做了好多题，就不能休息一会儿吗？"然后一屁股坐在沙发上，不想动弹。

妈妈就会笑呵呵地说："可以，可以！休息十分钟，再写作业。"涛涛用手托着自己的下巴，眼睛一转，张嘴就说："我饿死了，就不能给我吃点东西吗？"妈妈依然笑呵呵地回答："可以，可以！妈妈给你把汉堡加热了。"涛涛吃完一个汉堡，吧唧一下小嘴，头向沙发上一顶，开始了自己特有的涛涛式气功闭目练习。妈妈就会笑呵呵地拍拍涛涛的肩膀，说："我们先写作业，好吗？写不完老师该批评了。"涛涛眼睛睁也不睁略有怒气地说："烦死了，烦死了！老师批评就批评！"妈妈的微笑还是那么和蔼可亲，站在涛涛的旁边，似乎在虔诚地等待着涛涛的下一个命令。

不管如何磨蹭，涛涛最终还是会坐在写字台前开始写作业。而涛涛妈妈似乎也完成了自己陪写作业的职责，开始在厨房、客厅转悠。有的时候，还要到楼下忙一忙外卖的事情。涛涛妈妈就像风一样出现在各个场地。她一会儿转到涛涛身后，说上一句："你写完了，妈妈签名。"一会儿又转到涛涛面前，叮嘱一句："老师让家长签名，你可要认真写呀！妈妈也算是恪尽职守了。"

无论这个"拉锯"时间多么漫长，涛涛最终还是会一项项地按照老师的要求写完作业。他把一个个本子打开，然后高喊上一句："妈妈，签名——"这个时候，妈妈脸上的笑是最开心的，似乎所有情感瞬间得到了释放，压在心底的石头一下子被搬开了，妈妈随意地拿起一支笔，问："在哪签？"涛涛架子十足地指着一个地方，说："这儿！"妈妈郑重地在涛涛指的地方签上名字。至此，今日的作业终于完成。

可是，涛涛妈妈签的是什么作业呢？估计她自己也不清楚。对于她来说，孩子写完了，她签上自己的名字，就是完满地完成了老师布置的任务。可是这样的签名有几分价值呢？涛涛妈妈是尽到了责任还是没有尽到责任呢？

作为老师，我们常常碰到如下家长签名的情形：

情形一：老师让学生修订试卷，修订后，家长签名。孩子经常会有错误没改，但是家长的名字就签在了上边。

情形二：老师让学生读完三遍课文，然后家长签名。学生的书上是有家长的名字的，可是课堂上抽查朗读作业的时候，孩子却读得断断续续、错字连篇。

情形三：老师下发通知让家长签名，第二天交回执，但孩子交上去的回执却一片空白。老师打电话询问家长是否签了回执，家长却一口咬定说签了。

情形四：老师让家长对照记事本一一检查孩子的作业是否完成，然后家长签名。记事本上签着家长的名字，但是孩子的作业本却空白一片。

情形五：老师让孩子准备课堂学具，已经有了的需要家长签名告知老师，没有的老师会帮忙准备。家长一边在告知单上签名"已有"，另一边却追问老师："老师，准备什么学具呀？"

……

父母面对的是一个孩子，但是老师面对的是一个庞大的群体，随着抽样样本的增多，各种可能性都会出现。

那么，老师为什么要求家长为家庭作业签名呢？原因主要有以下几个：

第一，传达信息。

学生，特别是小学阶段的学生，他们是不具有完全行为能力的人，需要监护人全方面地了解孩子的情况，老师有义务向父母传达学生的各种信息。为了确保学生信息传达到位，所以老师会要求家长签名。

第二，教育合力。

父母是孩子的第一任老师，也是孩子终生的老师，而学校的老师是传授给孩子"渔"的人。这两重"恩师"在孩子的成长过程中，都扮演着重要的角色。如果二者联合，对孩子的帮助会事半功倍。老师会借助签名的形式获得父母的支持。

第三，延长时效。

老师在学校对孩子的教育是全方位的，既有品行教育又有知识传授，教师的职责是让每位学生都能学到知识、学会做人。学生能力的提升是老师付出心血的结果，老师希望这种教育能够延续到家里。老师和父母就像两个跑接力赛的选手，一个下场了，必须把接力棒传递给下一个，所以老师会用签名的形式，跟父母传递对学生的教育工作。

　　无论出于哪种目的，老师采取"家长签名"的方式都是为了更好地帮助学生。而父母一个简单的"拿来签名"的动作，往往把老师的教育需求点降低，从而丧失很多了解、帮助孩子的机会。而在所谓的陪作业中，孩子也没有获得真正的"陪"的效果。

2.3　父母最容易犯的错误——做完这本习题

　　学生的作业，特别是学生的家庭作业是什么，现在很难给出一个确切的答案。初高中的学生作业因为涉及的课程科目多，所以作业量大，一般来说初中生的作业在一个半小时左右可以完成，高中生的作业在两个小时左右可以完成，这对于正常学生来说还是很合理的。但每个学生的学习能力不同，完成作业的态度不同，所以他们完成作业所用的时间会有很大的波动。学习成绩不太好的同学写作业的时间，会远远超过学习成绩优异的学生。所以对于学习成绩不太好的初高中的学生，能够完成老师布置的作业，已经非常难得了。

　　小学生也存在这种成绩越好完成作业的时间越短，成绩越差完成作业的时间越长的情况。成绩优异的学生大部分都可以在学校完成作业，回到家里父母就会根据孩子的情况再布置一些"家庭作业"。作业来源通常有两种：第一种是各种课外班，因为报了各种班，就会有一些作业；第二种是各种练习卷，市场上各种教辅材料数不胜数，每个年级都不下百种，有时候同一个主编会出十几种练习册。

　　第一种作业是父母花费了大价钱买来的，所以里边有着金钱效应，父母希望钱花得值，就会对这样的作业格外关注，甚至一丝不苟。

对于第二种作业，父母就是觉得只要孩子多写就会有好的效果，所以他们会毫无选择地从市场上随意购买练习册给孩子做。因为对于父母来说，他们不是专业人士，他们不懂得某一道例题学生应该掌握到什么程度，他们更不知道随着教育改革的推进，有些题目形式、内容根本不利于学生能力的提升。他们只是一味地觉得所有题都是好的，孩子写了就是好的，他们更多的是求得自己的心理安慰。

莹莹今年上三年级，是一个非常乖巧的小姑娘，学习成绩也非常优异，经常在班里考第一名，妈妈为此感到非常欣慰。但是不知道为什么，近来莹莹的成绩开始出现了下滑的状况。妈妈心里焦虑起来，觉得必须采取点儿措施才可以提高孩子的成绩。

妈妈首先给孩子找了辅导老师，通过小课提升孩子的学习成绩，并且加大了莹莹的家庭作业量。妈妈利用周末时间，把市场上莹莹可以用得上的所有教辅材料都买回了家，足足有两大袋子。妈妈放下刚刚五岁的弟弟，专心地陪着莹莹写作业。

妈妈对莹莹说："你的成绩下滑了，再这样下去，就该是倒数了，所以我们必须要重视。妈妈和莹莹一起努力，好不好？"懂事的莹莹用黑黑的大眼睛体谅地望着妈妈，点点头。紧接着，妈妈在莹莹的面前打开了第一本练习册。莹莹一笔一画地做着，写完一页就交给妈妈，妈妈对照答案一一批阅，然后再写下一页。莹莹不愧是班里的尖子生，从第一页写到第十页，一个错误都没有，妈妈的心情略感平复，找到了一丝久违的踏实感。但是妈妈并不放弃，继续征战，第十一页，第十二页……时间在莹莹的笔尖一点点地溜过，距离放学的时间已经过去三个多小时了，莹莹没有要求休息，期间妈妈给莹莹喝水，也是妈妈拿着水壶，莹莹继续握着笔。写过的卷子已经有厚厚的一沓了，莹莹没有喊累，妈妈说："我们休息会儿，好吗？"莹莹却说："我再写一页。"

半本练习册写完的时候，莹莹出现了一个错误。有一个句子排序题，她前后顺序出现了错误，妈妈的心脏开始有些微微颤抖，"怎么会？天哪，孩子这样的题目都不会。"恐慌又占据了妈妈的心。妈妈睁大眼睛，想知道莹莹为什么会错。

其实孩子出错的原因有很多。第一种是概念没有理解透彻，所以在应用的过程中，就会出现错误，这属于真不会。第二种是孩子解题习惯不好，看题囫囵吞枣，不深入理解题干的含义，总是所答非所问。第三种是孩子的学习能力较弱，对于题目中呈现的内容无法正确理解，所以不能做出正确的解答和判断。第四种是孩子的学习态度不端正，读题也好，写题也罢，都不认真，对对错持无所谓的态度。第五种是孩子的情绪不稳定，在解题的过程中，心理素质不好，过于紧张。第六种是我们常说的马虎。不是所有的错误都是由马虎造成的，因为马虎而做错的概率其实很小，但的确有学生会因为一时的粗心造成错误。

对于莹莹这样优秀的孩子来说，一两次的马虎是可能出现的。人非圣贤孰能无过，莹莹毕竟是一个才九岁的孩子，她的注意力、逻辑力、解题能力等还没有完全成熟，因为疲劳出现马虎，而又因为马虎出现审题不全面或理解的差异，都属于正常。

我们说一次偶然不可以代表必然，但是莹莹妈妈发现莹莹排序错误的时候，简直如五雷轰顶。本来要让孩子休息不再练习了，但妈妈看到了错误，又焦虑地说："宝贝，你看你这个排序错了，看来你真的是不会呀，我们再做几个这样的题，好吗？"妈妈温柔地讲着，可爱的莹莹用黑黑的大眼睛望着妈妈，点点头。

孩子握着笔的小手攥得更紧了，因为长时间握笔而感到手指麻木，如果不使劲握着，笔就会从手里滑落。她无意识地将头向后扬了扬，以此舒缓一下自己颈部肌肉的紧张。她把背向上挺了挺，让自己坐得如钢板一样，才能短暂地舒服几秒钟。

这样懂事的女孩儿也许让所有的父母都嫉妒吧？这样乖巧的孩子就是父母嘴中念叨的"别人家的孩子"吧？但是莹莹妈妈不这么觉得，她觉得自己的孩子学习上出现了问题，身为母亲她有义务帮助女儿找到问题并改正过来。

是不是孩子成绩下滑，就要在这样的高压下进行机械性的练习呢？肯定不是的。没有一个人可以保证自己不遇到困难，哪怕是爱因斯坦都会遇到不可逾越的障碍，更何况是一名小学生？

能够根据孩子的学习情况，想办法帮助孩子解决困难，这样的父母我们必须为他们鼓掌。但是像莹莹妈妈这样夸大孩子的学习困难，进行拉网式地写作业模式，我本人是不赞同的。

首先，老师讲课是有计划和教育目标的，这种目标只有从业人员才知道。借助各种教辅材料对老师讲课的质量进行评价，这种做法本身就不科学。

其次，科学的训练才会有效果。这样毫无目的地做题，只会挫伤孩子对学习的热情，让他们觉得学习就是不停地做题。而题目做得太多，会让孩子的心理负担过重，反而会造成学习成绩的下滑。

再次，任何知识的掌握都不是一蹴而就的，即使学生在某一个知识点上理解不到位、掌握得不理想，我们要想提升学生对这一知识点的掌握水平，还是需要一个系统性的学习过程，而不是把一个点无限地放大。

最后，学习是一个漫长的过程。我们常说，活到老学到老，小学、初中、高中这十二年的时间，才占了人一生的七分之一左右，更何况是学习中的某一天，它在人一生的学习过程中也就是微乎其微的一个瞬间。

只有科学、合理地安排家庭作业，孩子才能健康、快乐、积极地成长，也才可以获得更多的知识。我们既不要放大孩子的某一个错误，也不要无视孩子遇到的某一个难关。父母只有平和地看待孩子成长过程中的苦与乐，才可以真正地帮助孩子成长，也才可以让自己获得幸福感。

2.4 父母最容易推卸责任的一句话——培养孩子的独立性

这个社会是一个多元的社会，有着多元的生活方式、多元的消费方式、多元的旅行方式……同样，我们的教育方式也是多元的，不仅学校的教育模式不同，每个家庭的教育方式也是各有特点。每对父母在决定孕育宝宝的那一刻，其实已经有了自己对孩子教育的定位，尽管说不清楚，却一定会朝着这个方向走下去。在孩子的成长过程中，每个家庭都会有不同的教育方向、教育理念、教育手段，只要适合自己的家庭、适合孩子就是最完美的。在孩子成长的过程中，无论哪种教育方式，陪伴孩子走一程，扶着孩子走一段是必需的。

孩子需要用一生的时间去认知世界。我们的一生大抵有三万多天，刚刚踏进小学的六岁的孩子，是仅仅拥有两千多天生命历程的小娃娃。即使是已经十二岁的六年级的孩子，他们的生命历程也只不过有四千多天，还是很小。既然孩子这么小，我们成年人可以帮他做点什么呢？

一些父母在咨询我怎么教育孩子的时候，经常会说："我要培养他的独立性。"这个观点一点错误都没有，孩子是一个独立的个体，我们最终还是要让他们自己学会生存，自己独立地去闯荡社会，那么从小培养孩子的独立性，就是一件非常必要的事情了。但是父母用到了这样一个词"培养"。什么是培养？我们可以这样解释：培养是按照一定目的，长期地教育和训练，使其成长。也就是说，培养有三个重要因素，第一是目标，父母的目标是明确的——要孩子有独立性。第二是时间，培养是一个长期的行为，需要持之以恒地坚持才可以达到目标。第三是教育和训练，也就是达成目标的手段是"教育和训练"，二者缺一不可。

但在实际生活中"培养孩子的独立性"又是怎么一回事呢？

小源是刚刚踏进学校一年级的小同学。进校门的时候，他刚刚六岁四个月，看上去憨态可掬，特别是说话的时候，一本正经的样子让人见了就心生喜爱。小源的妈妈是全职妈妈，因为生孩子比较晚，她比班上其他的妈妈们都成熟得多。小源的妈妈以前事业发展得很好，就是因为孩子的原因才辞了职，偶尔参加一些社会工作。

小源的年纪在班上是偏小的，又是男孩子，因为相对来说男孩儿的发育要迟缓于同龄的女孩子，所以小源说话、做事都要比其他孩子慢半拍。比如收拾书包的时候，小源总是分不清哪个大哪个小，哪个先放哪个后放。有的时候，他把许多东西忘在了课桌里，需要老师帮助才可以把书包收拾利落。再比如，他的铅笔总是会滚落一地，一会儿找不到"蓝色的小象"了，一会儿又找不到"绿色的小马"了，孩子暴露出来的问题明显是动手能力弱。同样，这问题也衍射到了他的学习上，做题的时候他一会儿丢了左边的题，一会儿落了右边的题。要是赶上学校发通知，那就更是让人头疼，第二天把回执拿回来的可能性基本是零。这是怎么回事呢？

　　小源的妈妈不上班，按理来说可以全面地照顾孩子，孩子怎么还会每天丢三落四呢？

　　后来我了解到，小源妈妈因为好几年没上班了，生活作息时间已经和常人不同了。小源每天放学后，步行五分钟正好四点到家，这时妈妈就要去补个觉，小源就要自己完成老师布置的各项任务，比如读书、写作业。只要妈妈告诉他读什么，读几遍，他就非常认真地自己读。

　　一天，小源的老师给同学们布置了作业：阅读课文《秋天》三遍。小源坐在小桌子前，把书放得正正的，后背挺得直直的，两只小手紧紧地握住书本。小源没有上过学前班，所以拼音拼读不是很熟练，还有点结巴。他读到："秋天，天气——连（凉）了，树叶黄了，一千千（片片）——蛾（叶）子从树上罗（落）下来。天空那么——烂（蓝），那么高，一群大雁往奶（南）飞，一会儿拍（排）成个人字，一会儿拍（排）成个一字。啊，秋天来了！"这样结结巴巴地读了三遍后，小源跑到妈妈房间，告诉妈妈自己读完了。妈妈搂过自己的宝贝儿子，在他的额头上亲了一下，夸奖道："儿子，你真棒，可以自己写作业了。"

　　小源听了妈妈的话，也十分认真地说："我都可以自己写作业了，我是不是已经长大了？"满脸慈母微笑的小源妈妈说："当然，你长大了，你可以自己写作业了。"

　　"我也觉得我自己长大了，我自己还要再读两篇课文。"小源觉得妈妈的评价绝对是对的，所以对自己更加信心满满，一路小跑回到自己房间，关上门，因为他不想吵到妈妈休息。然后，他又开始认真地读下一篇课文。

　　小源认真完成作业的态度是好的，妈妈想培养孩子独立完成作业的想法也是好的，但是这两种好，是否取得了好的效果？小源读的错音很多，但是妈妈没有听到，也许在他的脑海里"蓝"就是"烂"吧，"一片片"就是"一千千"了吧。

　　"独立"不是孩子自己就可以养成的，他需要父母的引导，不断地训练，才会让孩子具有"独立"完成一切任务的能力。我们常说"还不会走，就想跑"，要达到跑的目的，就要从学走路开始，要想让小源自己独立地完成作业，首先要看他是否具有独立完成作业的能力。

　　老师让孩子在家里读三遍课文的目的，就是希望家长能够帮助老师发现并且纠正孩子的错音。有人会说，父母都做了，老师做什么？还是那句话，每个学生的能力千差万别。对于小源这样声母韵母还没有完全区分开的学生，就需要多付出一些努力，而这个努力不仅仅是孩子自己付出就够的。

　　我们对孩子的独立性进行训练是对的，但是要达到这个目标，需要有一个训练的过程。我会建议小源的妈妈调整自己的作息时间，至少在孩子学习的时候陪在一旁。刚上一年级的孩子还没有独立处理复杂问题的能力，对他来说读书就是一个复杂的问题。

　　在读书的过程中小源要面对很多问题：

　　首先，坐姿是否正确。良好的坐姿对孩子的成长很重要，这可能影响到孩子的脊椎、视力的发育。

　　其次，孩子的发音是否正确。六到九岁是孩子记忆力最发达的年龄段，他们的记忆力要比成年人好很多。家长告诉孩子一遍，孩子就可以记得清清楚楚。而第一时间对于错误信息的纠正，可以帮助孩子在大脑里储存正确的信息。如果错误的信息直接输入大脑，那么再进行正确信息的输入则会干扰大脑的记忆存储，造成对信息的记忆模糊不清。所以，如果小源妈妈在孩子身边，就可以帮助小源在第一时间纠正错误读音，提高学习效果。

最后，情感挑战。孩子在成长中，需要有安全的氛围。对于小源来说，如果让他少经历挫折，他会更加自信和阳光。妈妈的陪伴也会让他获得一种安全的心理暗示，会让他感到学习是一件幸福快乐的事情。

独立性并不是通过一次训练就可以养成的，而是要经历若干次相同形式的学习训练，孩子才可以慢慢强大起来，这个过程需要妈妈的引领与指导。

2.5 父母最爱重复的一句话——抓紧时间写作业

做父母难，做一个能辅导小学生写作业的父母更难。

有报道称，一位三十几岁的妈妈在陪孩子写作业的时候得了心梗，因为陪孩子写作业，家里成了没有硝烟的战场。中国有句话"不养儿不知父母恩"，也许现在应该改成"不养上学的孩子，不知道父母难"。是什么让父母在辅导孩子写作业的过程中，有如此大的精神压力呢？很多事情我们当局者是看不清的，所以也找不到正确的答案。但是我相信天下所有陪着娃娃写作业的父母，都希望孩子能够优秀，才会这样不辞辛苦地陪伴。所以，所有陪伴孩子的父母都拥有一颗爱子之心。

在陪伴孩子写作业的过程中，大部分父母作为非专业教育人员，并不能借助教育的手段和策略辅助自己陪伴孩子。就是身为教师的为人父母者，也往往因为面对的是自己的孩子，而失去了正确的引导方向。俗话说"医者不自医"，即使是教师，陪伴自己的孩子写作业同样会有很多不符合教育规律的言行。

在陪伴孩子写作业的过程中，父母们共有的口头禅是"快点写"，或是具有相同含义的"抓紧时间""别磨蹭"……无论是哪句话，都是提醒孩子写作业不要浪费时间。

萱萱今年上四年级，学习成绩在班级中处于中等水平。英语、语文成绩略微好点儿，能排到班上前十名左右，数学成绩略差点儿，在班上差不多要排到十五名。孩子在老师面前，属于不怎么张扬的类型，不会和男孩子一起淘气、扰乱课堂秩序，但上课的时候也不会专心致志地听讲，手里免不了玩玩东西，或者和同学用眼神交流。她可以自己独立完成作业，正确率在百分之八十左右，和她的成绩很吻合。但是萱萱写作业的时候总是拖拖拉拉，如果没有家人的监督，四十多分钟就能写完的作业她要写上两三个小时。

萱萱的妈妈研究生毕业，是一位公务员，上下班时间相对比较固定，而爸爸在一家私人公司做技术研发工作，经常出差不说，加班到很晚是常事。所以，萱萱每天放学后的时间，基本上都被妈妈承包了。每周，妈妈要带她上两次英语补习班，回到家后，还要忙着做晚饭，而萱萱则自己写作业。

一到家，妈妈就提醒萱萱："赶紧洗手，快点写作业，抓紧时间，一会儿还要背英语，练钢琴，一会儿又没时间了。记住了吗？抓紧时间。"萱萱一边换鞋，一边心不在焉地回答："知道了！"也许此时的萱萱内心正在想：这么多，怎么抓紧，时间都是不够用的。

萱萱像小蜗牛一样，缓慢地走进自己的房间，打开自己的小兔子护眼灯，慢慢地拉出椅子，慢悠悠地打开书包，拿出各项作业本，一会儿桌子上就堆成了小山，萱萱有各种作业要完成，英语抄词、英语句型积累、数学口算、数学常规计算……萱萱还没有把她的"征服对象"陈列完，妈妈已经像闪电一样从门口进来了，有点愤怒地说："抓紧时间，好吗？一会儿要弄到十一点，你身体会吃不消的。"萱萱为了显示自己已经在用最快的速度学习了，也不回答妈妈的问话，直接打开本，准备写字。

妈妈是一个做事很利索的人，很快做完了饭，娘俩开始安静地吃晚饭。这期间萱萱可以听一段故事，或者偷看几眼电视，然后妈妈又会催促着："你快点写作业，我把东西放厨房，马上来陪你。"听到这句话，萱萱书写的速度比饭前加快了几倍。

当妈妈坐到萱萱身旁的时候，房间里达到了绝对的安静状态，夜色中只能听到萱萱的笔尖在本上划过的声音，母女二人的鼻息声都变得格外响亮。每当萱萱需要停下笔思考的时候，妈妈就会在旁边说上一句："抓紧时间，别浪费时间。"萱萱就会立刻停止思考，硬着头皮继续做自己似懂非懂的题目。

可是有的时候，萱萱的手就是不受自己的支配，像机器被突然关掉了电源，立刻不受大脑控制地停了下来。而这个时候，妈妈的脸色总是不好，语气中略带着无奈地说上一句："你怎么就这么没有自觉性呢？为什么总是想办法拖延时间，难道你和时间是敌人？很小的时候就和你讲过，时间对每个人都是公平的，不会因为你总浪费它，它就多给你一秒，恰恰相反，因为你的浪费，它反而走得会更快。因为你浪费它的时候，什么事情也没有做成……"

每当妈妈这样提示萱萱时间很宝贵的时候，萱萱就会不自觉地停下笔，看着妈妈因为恼怒而开始飞速张合的双唇。也许萱萱在思考：为什么妈妈的嘴里总是能说出相同的话呢？只要萱萱这样一发愣，妈妈的情绪就会开始升级，从略带一丝懊恼变成生气，两只眼睛放出具有杀伤力的冷光。

"听到了吗？快点写！"这回妈妈的道理终于没有了，只剩下了绝对权威的命令。萱萱就像一个"戴着脚镣、手铐的奴隶"一般，不敢再有自我思考的时间和空间。她无意识地微微抖动一下头，开始继续写作业。一个晚上，萱萱被妈妈提示"抓紧时间"有多少次，萱萱也数不过来。

在孩子写作业的时候，父母这样时刻提示孩子好吗？

首先，写作业是学生将课堂上学习到的知识，借助习题这一外在表现形式，展现出来的过程。在这个过程中，学生需要对大脑存储的信息进行整合和筛选，哪个信息是解决哪个问题的，要形成一一对应的关系。这个过程不是简单的打印过程，需要思维的二次加工。所以父母这样无休止地提醒孩子注意时间，很容易打扰孩子进行思考、记忆和理解。

其次，父母的反复催促会让孩子丧失自我管束的能力。孩子的成长是靠一日一日的积累，他们每天都会犯错误，正是通过这些错误他们学习着长大。如果他们总是犯同样的错误，那么我们就要给予孩子时间和空间，让他们靠自己的努力去修正这个错误，而不是让父母帮他把握方向。

最后，反复唠叨会让孩子对自己失去自信。一个时刻背负着沉重十字架的人，是不可能面露阳光般的笑容的。恰恰是父母这份发自内心的关爱，一点点埋葬着孩子的自信心。

　　父母陪在孩子身边做作业，这本身是一个很好的亲子互动过程，是一个情感相互交流的过程，但是父母应该相信孩子是有责任感的。特别是经历了几年学习的小学中高年级的学生，他们知道作业对自己的意义是什么，父母要相信孩子是愿意把作业写好的。在写作业的过程中，只要没有过分的行为举动，父母就要保持安静，反复地叮嘱只会打扰到孩子的思考和完成作业的质量。

　　如果父母一定要说些什么，可以说些鼓励的话语。换一种表达方式也许会起到更大的作用。比如孩子写完一项作业的时候，妈妈可以由衷地赞美一下孩子："你今天的速度比昨天快了五分钟！"孩子因为思考停下来的时候，妈妈给予孩子一个信任的微笑，传达出"妈妈相信你，一定会有解决问题的方法"的信息。

　　俗语说"好言一句三冬暖，恶语伤人六月寒"。父母时刻提醒孩子注意时间是一件非常重要的事情，但是因为提醒的方式不对，就不可能达到自己的预期效果。换一种表达，换一种方式，也许会让同样的事情有着不同的结果。

2.6 父母最爱做的一件事——我帮你检查作业

为什么一件简单的陪伴孩子写作业的事情，可以把一大半的家庭搅和得鸡飞狗跳呢？因为每个孩子都是一颗原子弹吗？还是真的小"鬼"难缠？静下来思考，父母为孩子做的每一件事情，到底错在了哪儿，怎么会引起世界上最亲近的人之间爆发战争？

帮助孩子收拾书包——越俎代庖；帮孩子决定先完成哪个作业——垂帘听政；在孩子耳边不停地督促——缺乏信任……陪孩子写作业，是父母利用人世间最温暖的情感来抚慰孩子面对困难时的胆怯的小心灵，让他们找到一种安全感；是让他们在无路可走的情况下，发现身后有一双自己最熟悉的大手在支撑自己，给予自己更大的勇气。对于孩子来说，学习真的是一件很难的事情，他们需要亲情的帮助。而父母往往把握不好这个尺度，用自己的思维绑架孩子，所以在孩子们写作业的时候爆发一场场家庭战役。

在这场战役中，父母们更容易犯一个错误——主动帮助孩子检查作业。

欣欣今年升到小学六年级，即将成为一名初中生，她有一种即将被解放的感觉。每个孩子都渴望自己能够快点儿长大，早点儿不被父母约束，这是人在成长的过程中的一种自然的心理状态。

从小学一年级开始，妈妈就在全身心地照顾着她，每天准备水果、水壶、书包，给她梳头，穿戴衣物，全年无休地陪伴她写作业。欣欣同样也对妈妈有着很强的依赖心理，她已经习惯了妈妈在旁边唠叨"把头抬高""别抄错数""把字写端正"……而且没有这些声音，她觉得自己就像没有写作业一样。

欣欣写完数学作业，就会把本子轻轻地放在妈妈面前，妈妈开始认真地帮助她检查。妈妈用铅笔轻轻地画出错误的地方，不管是某一个数字写得不规范，还是某一个题答得不完整，妈妈都会用各种符号标识出来。欣欣写完英语作业，也会首先展现在妈妈面前。然后再取过妈妈检查的数学作业，自己直接找到妈妈批阅出符号的地方。因为六年的训练，她看到圈就知道自己的数字算错了，擦了再算一次。看到横线就知道自己用错了数据，妈妈还会把正确的数据给她指示出来，她换上即可。看到曲线，她明白了她的方法出现了错误，再读一遍，找到正确的方法。一份数学作业写了三十分钟，错了四道题，但是欣欣只用不到三分钟就改完了，这都要归功妈妈检查得认真呀！同样，语文如法炮制，阅读填错了，妈妈会给句子写上序号，甚至用铅笔注明哪是重点;选项出现了错误，妈妈会把正确的圈出来，语文作业写了三十分钟，有五处错误，而欣欣用两分钟就可以改完。这样高效的学习，都要感谢妈妈的认真呀！英语同样如此，写作业大约需要半个小时，错题占了百分之十五，而改作业的时间却不到两分钟。

在学校里，欣欣要改完这些题至少需要半个小时，因为老师只会在错题后边打个红杠杠，欣欣自己要反复检查才能发现错误的原因。往往因为抄错一个数，欣欣要检查好几遍。明明写的是"5"，可欣欣就是看不到，总是写成"3"，这样的事情时有发生，在错误点上转来转去，就是走不出来。很多小同学都会有这种感受，一方面受心理定式的影响，人很难推翻自己的第一印象；另一方面也是孩子们的注意分配能力弱，他们做不到全面的检查，所以让孩子发现自己的错误是一件很难的事。这就更要强调最初审题的重要性，只有这样才能降低错误率。

家里和学校里的检查人是不同的，成人发现问题的能力比儿童强很多。在家里，由妈妈完成检查的工作，欣欣的任务就是用笔再把妈妈发现的问题勾画一遍而已；在学校，检查作业是欣欣独立完成的，是对欣欣发现问题、解决问题的一种考量。一个是机械性的活动，一个是思维运转的过程，二者具有很大的差异，哪种方法对孩子更好，结果不言而喻。

在写作业的过程中，妈妈无论说了什么，欣欣都会诚恳地接受，从来不和妈妈对抗。因为有一次她和妈妈为一道题争论了起来。她用方程式解答这道题，但是怎么也算不出来。妈妈让欣欣用算术的方法试试，可是欣欣很执拗，非要坚持自己的观点，本子擦破了也不肯改方法。妈妈生气了，说："你不听我的，我就不管你了。"然后甩手而去，那天欣欣的作业妈妈没有检查，第二天作业本上出现了四个叉。这是以前从来没有过的情况，数学老师还批评了她。所以欣欣再也不敢和妈妈对着干了，她怕妈妈不再给她检查作业。

欣欣在写作业的过程中已经离不开妈妈的帮助了。对于欣欣来说，这是好事还是坏事呢？显而易见，欣欣一旦离开了妈妈的帮助，作业质量就会下降。为什么会这样呢？这是谁造成的结果？代替孩子检查作业，看似家长十分负责，其实父母已经无情地剥夺了孩子的权利和义务，同时也放弃了对孩子责任感的培养。

孩子自己检查作业可以培养他们诸多的能力：

第一，责任感。作业是孩子的，孩子要对作业负有责任。作业是他们的"工作"，现在对作业负责，今后到了工作岗位才可以对工作负责。人的责任心的形成不是一朝就有的，要通过长期的训练才可以获得。孩子自己检查作业，不仅可以让作业的准确率提升，更能训练其做事的责任感。

第二，提升知识的掌握能力。孩子的作业出现错误的原因有很多，但主要是因为知识掌握得还不够纯熟。很多父母把孩子做错了题归咎于孩子马虎、不认真，其实这是错误的，孩子的错误有百分之九十都是因为对知识掌握得不到位。成绩越优秀的孩子错误就相对会少，因为优秀的学生对知识的理解、把握比较准确，所以他们的正确率也会高。而作业中暴露出来的错误，正好可以让孩子二次熟悉知识点，二次加工，甚至提炼出某一种适合自己的解题方法。

第三，培养孩子做事认真的态度。在生活中，我们做错了事就要对自己的错误行为负责。下雨前我们没有带伞，就会因为避雨而耽误回家的时间，因为我们没有做好出行前的准备，所以不得不以浪费自己的时间来承担后果。孩子做作业也一样，只有自己检查才可以意识到要想不耽误更多的时间，下次写作业就要更加认真和仔细。只有经过这样长时间的心理建设，孩子最终才会养成主动认真写作业的习惯。

PART 3

陪伴有道，
养出自主学习的好孩子

陪孩子学习是一件非常辛苦的事情，对于一个学生家长来说，一个小时的陪伴，不亚于自己一天工作的劳动量，不亚于一名马拉松运动员跑完一个全程。这是为什么呢？这就好比一个不懂得象棋的人去看象棋对峙，或是一个不热爱京剧表演的人去看场京剧演出。我们人对于自己不喜欢或者不擅长的领域，大脑皮层会形成条件反射，加以抵抗。以没有兴趣为前提的任何活动，都像是一种刑罚。正因为陪孩子写作业很难，所以家长们会想方设法转移自己的痛苦，正是这种错误的方法，让原本已经很难的陪孩子写作业的事情雪上加霜。

3.1 让孩子的错误成为学习的开始

目前，中国的大部分家庭还是一个孩子居多，也有一部分家庭进入了"二孩时代"。无论家里有一个还是两个孩子，父母所面对的孩子数量都是有限的，而且大部分孩子的作业都是在一个小时左右就可以完成的。一天二十四小时，父母只需要二十四分之一的时间陪伴孩子。目前在我们国家，小学每个班的人数都在四十五人左右，有个别地方人数会多一些。孩子每天在校的时间大约是八个小时，也就是说一天有三分之一的时间都是老师和孩子在一起度过的。那么，老师们是怎么度过这一天的呢？

有一次，一位朋友要参加一年级儿子学校运动会的排练活动，老师特意发来短信，让参加排练的家长带好水壶，准备好嗓子含片，做好指挥"一个军"的思想准备。朋友还觉得老师想问题真细致，似乎没有这个必要吧，又要准备药又要做思想准备，她为此还跟同事说笑了一番。

可第二天我见到朋友的时候，她的嗓子已经沙哑了。她诉苦说，她给孩子们排练了两个小时，她简直快被这四十多个孩子折磨疯了。比如让孩子们站成四排，几位家长按照高矮给孩子们排好队，可是刚从操场中心位置走到跑道，孩子们的队形就乱了。领队的家长说："宝贝们，赶

紧找好位置站好。"孩子们立刻乱成了一团,有的说"我在他后边",有
的说"我在谁后边我忘了",还有的干脆站着转圈,完全不去找自己的位
置。家长们哭笑不得,只得二次排队。这回有了经验,她让前边的孩子
看看后边的孩子,让后边的孩子看看前边的孩子。每个孩子都认真地点头,
表示记住了。可当学校领导让她把队伍带到指定地点集合时,孩子们一
挪步,又乱了。家长赶紧对孩子们说:"宝贝,快找到自己的位置。"刚
才的混乱场面就再一次上演了。一位家长拍着脑袋说:"妈呀,难怪老师
说要做好率领一个军的思想准备。"

可是当班主任老师出现的时候,所有的孩子都不说话了,眼睛紧紧地
盯着老师,老师一喊"一二,一二",孩子们也跟着喊"一二,一二",小脚
跟着数字有节奏地动了起来。老师嘴里不停地说:"晴晴头抬得真高! 玲玲
听懂了,走得最整齐;看,第四排的小朋友比高年级的哥哥们走得还好呢。"

朋友说:"我们六个家长没有指挥好四十个孩子,但老师一个人就把
所有的孩子弄得井井有条,不得不让人佩服呀!"

为什么一名老师可以统领一个班级,而几个家长却约束不了孩子? 当
然,首先最重要的是老师的职业性。面对孩子,老师属于专业人员,他
们有多年的工作经验,积累了很多方法,他们知道什么时候应该多说话,
什么时候应该不说话。他们身体的每个部位都已经被自己训练成了教学
的用具,他们的每一个眼神、一举手一投足,都被赋予了教育的内涵。

其次,是老师方法的多样性。每个孩子都是不同的个体,他们的身体、
思想各不相同,老师可以针对这些不同的个体,采取多样的方式,调动

每一个孩子的积极性，从而达到整体的统一。

最后，是老师的爱心。老师不可以像父母一样跟孩子大吼大叫，老师有法令法规、学校的规章制度约束着言行，他们热爱这份工作，对每个孩子都充满爱。正是这份爱，促使他们对每个孩子的问题都会去想办法解决。

而我们父母和老师相比，一是欠缺职业性，因为我们不是孩子的教师；二是欠缺方法，每一位父母都是随着孩子的长大，积累着培养孩子的方法，我相信当孩子长大的时候，每一位妈妈都会有自己的一套有用的教育方法，但是我们的孩子还没有长大，我们还没有属于自己的教育法宝；三是欠缺对孩子的爱，我承认世界上最爱孩子的就是孩子的父母，他们为了孩子的未来，可以倾其所有，怎么可以质疑这份爱？

问题恰恰就是这份热烈的爱，让我们迷失了方向。每一位父母都知道，孩子好好学习是为了他未来能有个好的生活，但正是这份带着责任感的爱让父母们迷失了方向，因为我们爱孩子，所以比老师多了一份担心，我们担心孩子错了一点儿就会脱离正轨；我们担心孩子一步没有跟上，就会被落下很远；我们担心孩子会笼罩在失败的阴影下，不敢前行；我们担心孩子的一次失误、一个马虎、一次懒惰、一次错误会影响他的一生……这样没有尽头的沉重的爱，是每个孩子都承受不起的。好比园丁对待花朵，因为担心它禁受不住风雨的侵蚀，难道就不让它暴露在大自然里吗？爱得过多，会成为一种负担，这种沉重的负担不仅会压垮父母自己，更会对孩子造成终身伤害。

孩子作业有了错误，就让他错吧。错了才可以暴露出问题，错了才可以知道他上课听讲用不用心；才可以了解到是因为知识过于抽象孩子没有理解，还是因为思维水平不够，理解不到位。错了有什么关系呢？要是都对，为什么学校试卷有不同的分数级别？

孩子不按时完成作业，被老师训斥，训斥就训斥吧。难道我们能够保证自己一生不被人训斥吗？似乎不可能吧。孩子因为没有写完作业而被老师训斥，这是他应该接受的惩罚。一个人只有学会对自己的错误承担后果，才可以减少犯错误的次数。

孩子写作业磨磨蹭蹭，熬到深夜，他愿意磨蹭就让他磨蹭吧。时间老人绝对不会因为他磨蹭就多给他一秒钟，他磨蹭的后果就是没觉睡、没饭吃，这是他需要承担的后果。

孩子成绩糟糕让人难以接受，差就差吧，这是他付出劳动换取的，难道因为他分数差，妈妈、爸爸就要帮他加上几分吗？那分数高的孩子是不是就要更高了呢？因为他们的爸爸、妈妈也同样爱他们，也有加分的权力。他成绩糟糕是他自己的，不是父母的，在他的人生道路上，也许还有更多糟糕的成绩等待着他。

父母给孩子过多的爱，不仅对孩子没有帮助，对父母也是一种伤害。我们要接受孩子在成长的道路上出现的各种问题。每个人从出生到死亡都会经历很多事情，有些事自己都不会记得，小学也罢，中学也好，都是孩子一生的一个驿站，他们出现各种问题都是正常的。我们要积极地应对，合理地解决，但不要去伤害自己、伤害孩子、伤害家庭、伤害亲人。

3.2 不要让"帮"成为孩子懒惰的开始

　　因为陪伴孩子写作业出现问题，找我寻求帮助的父母有很多，他们遇到的问题，不外乎如下两种：第一种是孩子成绩不理想，父母虽然忧心忡忡，但孩子自己不知道努力；第二种是孩子做事没有效率，每天消耗的时间太多，耽误了正常安排。不管哪种现象，孩子存在的问题都会让父母产生困惑，乃至引发家庭矛盾。

　　我们不得不思考一个问题，孩子每天一早去上学，下午回家，七八个小时在学校上课、写作业，虽然有时候老师会因为孩子的问题找家长沟通，但我敢保证孩子在学校的大部分时间，父母是不需要付出太多精力的。而孩子在家学习的时间一般在一小时左右，可是为什么父母就无法控制局面呢？我们选取学校的一节四十分钟的课和在家里学习的一个小时作为样本，为什么在学校学习四十分钟可以相安无事，而回家的一小时却战火不断呢？

　　小爽是一名五年级学生，胖乎乎的像极了他的父亲。小爽的个人卫生很差，经常书包里外都是狼藉一片。他还有鼻炎，特别是秋天和春天，鼻炎极易发作，一发作他就会拼命地擤鼻涕。妈妈每天都会给他书包里装一卷卫生纸，他每次擤鼻涕都会撕出很长的一段攒成一大团把鼻子一捂，一团一团的卫生纸把他的课桌变成了一个小型垃圾场。小爽很聪明，但是很懒，懒到笔掉到地上都不捡起来，宁愿让值日生扫走，明天再买。因为他懒，所以能不背的书就不背，能不写的字就不写，成绩当然也不是很好，是班里老师的重点"跟踪"对象。

每天都是妈妈看着小爽写作业，妈妈的性格非常好，很少对小爽发脾气，小爽也非常爱妈妈。每天妈妈接他放学，他都会和妈妈一路走一路讲学校发生的事情。到了家，妈妈会第一时间给小爽准备一份水果，让他补充维生素。小爽吃完了，妈妈还会贴心地问问他："累不累，需不需要休息会儿再学习？"有的时候，小爽会一下倒在沙发上，呼呼睡一会儿；有的时候，他会让妈妈陪着看会儿电视。吃好了，喝好了，小爽在妈妈的陪伴下开始写作业。妈妈帮小爽从书包里翻出各种书和本，对照小爽记的作业，逐一完成。小爽写作业的时候，妈妈会帮小爽整理书包里的垃圾——擤鼻涕的卫生纸团、橘子皮……清理完垃圾，妈妈会帮小爽检查铅笔盒里的文具，尺子没了放把新的，橡皮没了放块新的……做完这一切，妈妈就会目不转睛地看着小爽写作业。

小爽写一会儿，就会趴在桌子上，妈妈关心地问他："是累了吗？要不再休息会儿？"小爽就顺势闭上眼睛休息几分钟，再继续写作业。小爽的记事本上写着抄写四遍第二单元的"日积月累"。他一边写，妈妈一边说："两遍了，还差两遍，加油！"对于妈妈的喝彩，小爽已经习以为常，仍然我行我素，像蜗牛一样慢吞吞的。写一会儿要是累了，还会把头搁在胳膊上歪着脑袋写。妈妈也从来不会批评小爽，只会帮助他把头抬起来，用自己的手托住儿子的头！

小爽最不爱做数学题，一会儿计算，一会儿读题，麻烦死了，他计算的时候会说："妈妈，你帮我把竖式写在演算纸上，我来算。"对于这样的请求，妈妈从来都不会拒绝。妈妈觉得计算是看孩子算得对不对，自己只是帮着儿子抄题，又不是帮孩子计算，所以这样做一点问题也没有。

有的时候，遇到画图的题，小爽干脆往椅背上一靠，指挥妈妈："先画一条长六厘米的线段，开头和结尾要画一个小竖道……"母子两人配合得紧密无间。妈妈想：图是儿子想的，孩子用尺子一比就画出来了，这个图也应该算他自己画的了。

小爽在妈妈的陪伴下学会了什么呢？懒惰！

懒惰没有牙齿，但却可以吞噬人的智慧。小爽这样的学习态度，完全是妈妈一天一天培养起来的。妈妈心疼孩子可以理解，每个父母都有照顾好孩子的义务。往长远来说，孩子是一个民族的未来，没有孩子的民族没有未来。从当下来说，每一个孩子都是独立的个体，没有任何一个人有权利剥夺另一个人体验、感受成长的过程。一旦这些体验和感受被剥夺，他将一事无成，如同"行尸走肉"。我们可以爱孩子，但没有底线的爱只会把孩子推向悬崖。小爽已经五年级了，仍然没有生活能力和学习能力，都是因为妈妈无原则的照顾造成的。在课堂上，没有老师会像妈妈那样帮助他，所以他要靠自己去完成一切任务。

在家里陪伴孩子学习不等同于骄纵孩子，在家里陪伴孩子学习必须对孩子有一定的要求：

第一，自己的事情自己做。我们每个人都是一个独立的人，我们必须学会自己的事情自己做。在家里陪孩子学习，也要让他做到自己的事情自己做，哪怕是削铅笔，哪怕是找一张纸，只要是他自己的事情，必须让他自己独立完成。

作为父母，当孩子第一天背起书包上学，他的书包就要自己整理，他的水壶就要自己清洁，他的水果就要自己准备，他的作业就要自己用本子记录。父母所要做的是，检查孩子的完成情况，通过检查发现孩子存在的问题，提出改进的意见和方案，让孩子从一点一滴中学会长大。随着孩子年级的增高，孩子的独立性要不断地提高。写作业用多少时间，什么样的作业是合格的，什么样的行为是浪费时间的，要不断地向孩子指出，并给予他改进的方法。

第二，奖励和惩罚并举。奖励可以激发孩子的学习积极性，惩罚可以让孩子牢记自己的错误。如果只有奖励，孩子会没有顾虑；如果只有惩罚，孩子会没有自信。在孩子成长的道路上，只有通过奖励和惩罚这两条小船的护航，孩子才会不断地成熟。

第三，要有明确的要求。任何一件事情都有它存在的意义，都会有丈量它的方法。对于孩子写作业这件事，从孩子第一天进入校门起就应该明确要求。有要求就要有落实，不能试探着前行，发现问题要赶紧改正。在学校，学生之所以服从，是因为他知道老师是有要求的，不可以挑战老师。

第四，有要求就要有检查。父母和孩子约定了要求，就不能让要求成为空话，就要有相应的检查。父母不能怕麻烦，约定好的检查方式就要一追到底，不可以朝令夕改。父母只要认真地检查作业，让孩子没有空子可钻，孩子就不会让要求变成废纸。父母和老师最大的不同，在于老师会一追到底，谁的作业没有交，谁的作业有错题，老师都会一一记录，所以孩子面对老师留的作业不敢不好好完成，而对父母留的作业就会打马虎眼。原因不在于孩子不听话，而是父母让自己的话变成了空话，失去了力度。

3.3 别让你的希望成为孩子的绝望

特罗耶波尔斯基说："生活在前进。它之所以前进，是因为有希望在；没有了希望，绝望就会把生命毁掉。"是啊，推动我们生命无休止向前的，就是蕴藏在我们内心世界的那一丝希望。希望让人有了勇气，让人有了无限的动力，希望就像一个神奇的魔法师，把很多的不可能变成了可能。同样地，当希望破灭的时候，它对我们的打击同样是巨大的，甚至比希望的力量还要大，它可以轻松地将人打垮，摧毁一个人的意志，不动声色地毁灭一切。

每个家庭迎来小宝宝的时候，都充满了无限的希望。看着他可爱的脸庞，每一对父母都仿佛看到了家庭的新希望。当我们看着孩子一点点地长大，我们的希望也在随之增多：他会说话了，我们就希望他学唱歌；他会走路了，我们就希望他成为运动健将；他会算数了，我们就希望他未来成为数学家；他上学了，我们会畅想他就是班里最优秀的孩子……随着孩子的成长，我们不停地在内心勾画着我们的新希望。但孩子们却在成长的过程中不断打破我们那些不切实际的希望，让我们看到现实的无奈。

平平今年十二岁，已经上六年级了。他的母亲是博士，爸爸是硕士，孩子遗传了父母的良好基因，他可以轻松解答全班同学想了几天的题目，而且可以用多种方法解答。有的时候，老师刚写完题目，他已经有了答案。遇到有同学想不明白的时候，老师也会让他给同学讲题，他的语言表达能力一点不亚于老师。有的时候，老师不会的题，他也可以找到解决方案。

有这样一个高智商的孩子，哪个父母都会对孩子的未来充满希望。为了给孩子一个更高的发展平台，妈妈特意卖了房子，换了最好的学区房，一家人由一百四十多平方米的敞亮大房，搬进了不足七十平方米的小房子。平平不理解，为什么他要和小区里从小玩到大的小朋友说再见？平平不理解，为什么他要从有单独卫生间的房间搬到这个不足十平方米的小房间？妈妈对此的解释是，你要上最好的初中。

为了能够实现全家人的希望，妈妈向单位请了一年的长假，想在家里帮助平平辅导功课，做好平平升初中的准备。妈妈是博士，从小到大都是班里的第一名，妈妈有很多学习方法，她要把这些好方法都传给平平，妈妈相信平平可以比她更优秀。

每天早上六点钟，妈妈会准时把平平从被窝里拉出来，让他背整理好的单词。因为妈妈上学的时候就是在早上背英语的，因为早上效率高，记得牢。可是平平不喜欢，他喜欢睡懒觉，他总觉得自己睡不醒。妈妈发现他确实睁不开眼睛，于是去查了资料，觉得平平也许是缺钾的原因，所以她给平平买了大量的香蕉，还让他适当借助药物补充钾。平平不喜欢英语，他根本不愿意背东西。一早起来，妈妈拿着每天准备好的单词表，借助发音帮助平平记忆，还给他分析词根、词性，可是平平一听这些就头疼。妈妈觉得也许是他用脑过度的原因，只要平平一喊头疼，妈妈就开始给平平做头部按摩，但要求平平继续背单词，不能因为头疼而耽误背单词。平平早上完成不了妈妈规定的单词任务，妈妈就在他上学的路上，一边开车，一边一遍又一遍地读给平平听，以加深平平的记忆。

由于平平起得比平时早，即使第一节课是他最喜欢的数学，他也会犯困，听不了三分钟眼皮就开始打架，然后就趴在桌子上呼呼大睡。可是每次老师都会用提问的方式把熟睡中的他惊醒。平平看看黑板，流利地回答出了问题，老师也就不再和他计较。所以平平上课睡觉的时间慢慢增多了，第一节课睡，第二节课还睡，有的时候一直昏昏沉沉地睡到放学。因为平平一直在睡觉，同学让他讲题，他也不愿意，总是说："一会儿。"慢慢地同学不再找他了，他的朋友也变少了。

妈妈做的计划是一年的，细致到每月、每周、每天做什么。放学后，只要妈妈接到平平，平平就开始了新的补习任务，其中还包括初中的物理。因为妈妈打听到，初中面试会有物理题，而妈妈是理科生，物理正是自己的强项。所以每天放学后，妈妈就像平平的私人全科家教，四十分钟数学、四十分钟语文、四十分钟英语、四十分钟写作、四十分钟听力，平平所有的时间都被一个又一个四十分钟给打碎填满。平平看着妈妈整理得密密麻麻的表格就想睡觉，他总觉得自己的大脑再也塞不进一条有用的信息了。而妈妈却恰恰相反，无论是讲题还是检查，都一丝不苟，一点不会让平平偷懒，就连平平上卫生间，妈妈也是拿着手机看着秒表。

"平平，你已经超时一分钟了，一会儿数学补习要延长一分钟。""平平，你已经超时两分钟了，你睡觉的时间就要推后两分钟。"平平对妈妈说的所有话都提不起精神，他只想在卫生间里睡觉。

平平在妈妈的无缝隙培训中度过了小学的最后一年，最终妈妈如愿以偿，平平进入了最好的初中，进入了初中最好的实验班，但是从此以后，平平成了班里成绩倒数的学生。进入初中后，平平对学习一点兴趣都提不起来，上课还是喜欢睡觉。下课后，只要妈妈不在，他能不写作业就不写作业；到后来即使妈妈在，少做一道、少写一页也是常有的事。英语成绩则更糟糕，他只要听到"英语"两个字，就想起过去一年不能睡懒觉的早晨，对此深恶痛绝，对漂亮的英语老师也嗤之以鼻。

现在平平上了初二，成绩在班里依然是倒数几名，妈妈每天焦虑得只能靠吃安眠药才能休息。

如果一个家庭对孩子没有一个美好的希望，是父母对孩子的不负责任；但如果父母仅仅是因为自己的虚荣心给孩子定出不切实际的目标，结果只能是让人失望。平平天资聪颖，原本应该有一个美好的未来，他在学校、在班级获得了自信，感受到了学习的快乐，完全可以遵循自己的内心需求上到一个更高的台阶。但是妈妈为他设置了一个他自己并不清楚的目标，打破了他的节奏，破坏了属于他的希望，这让平平走向了一个极端，同时平平给予妈妈的也是从希望到绝望。

作为父母，我们有义务为孩子做好人生的规划，但是这个规划是建立在孩子自身能力的基础上的，父母要顺其性而为之。所以父母在给孩子规划未来的时候，需要注意：

第一，希望是建立在孩子已有的基础之上的。父母在给孩子明确方向和目标的时候，一定要实事求是，要符合孩子的原有基础，过高的要求只会让孩子自暴自弃，与希望背道而驰。

第二，希望的建立是以孩子的需求为第一位的。父母为孩子做好人生规划是一件必须而且重要的事情，但是孩子已经有了朦胧的世界观时，父母要学会尊重孩子，任何建设性的意见都应该首先尊重孩子的意见，因为孩子不认可、不配合最终得到的只能是失望。

第三，孩子的年龄越小，抱的希望可以越大；但孩子年龄越大，抱的希望应该越小。年龄小，孩子的可塑性就强，你给予他什么，他就接受什么。而随着年龄的增长，孩子开始有了自己的人生经验，如果这时父母完全凭自己的主观意愿帮孩子做出决定，孩子的逆反心理就会很强。

3.4　父母的平和才能带来孩子的心平气和

教育孩子是一门真正的学问，而且它和医生看病不同。毕竟病人的疾病类型会有相同之处，有可以参考的案例。可教育一个人，却完全无法在世界上找到相同的案例。此外，造就一个人需要很多因素，环境、家庭、父母、基因，等等。可想而知，教育好一个孩子有多难。父母为了孩子有所焦虑是可以理解的，因为父母承担了世界上最艰巨的任务。

面对孩子，有的人说要保持微笑，用说服教育来使孩子改变；有的人说棍棒出孝子，该打就要打，该骂就要骂；有的人说孩子不管不成器，必须要严格要求；还有的人说，孩子就应该释放天性，顺其自然……哪种教育方式是对的，我不能完全给出答案，但是我知道，教育是有规律可循的，不同的教育对象所采用的方法必然是不同的。

小威是一名四年级的小朋友，他是班里最小的孩子，个子也比别的同学小。男孩子比女孩子在心智、动作、语言等很多方面的发展都要缓慢些，所以小威和班里稍大一些的女孩子相比，似乎小了一个年级，每天都是呆萌可爱的样子，小手肉乎乎的，握铅笔感觉都比别人要多费些力气。

在学校，小威从来不扰乱课堂纪律，甚至他不能理解为什么那些个子比他高的男孩子上课一定要随便说话，听老师讲话难道没有意思吗？虽然小威向妈妈转述老师口头布置的事情时，常会三句丢了两句，但小威很聪明，遇到自己不懂的问题就喜欢刨根问底，所以学习成绩一直在班里名列前茅。

小威还有一个比他大十岁的哥哥，已经进入大学学习了，四十八岁的妈妈在家里专职照顾小威。

每天到家小威都会自己乖乖地到房间里写作业，只要是老师留的作业，小威一项都不会忘记，即使像读书这种老师无法检查的作业，小威也会严格执行，每次读书的声音大到可以让隔壁邻居听到。因为老师说必须大声地朗读出来，才是真正的读书。老师建议孩子们，每天洗脚的时候看几页书，小威每次都是一边洗着小脚丫，一边拿笔在书上画线做标记。

但是小威有时候很执拗，比如做数学时遇到不懂的题，妈妈给他讲了一遍又一遍，他还是会歪着小脑袋，说："听不懂。"

妈妈就会连画图加比画地给他再讲一遍，小威皱着眉头认真地听着，妈妈讲完后，小威还在等妈妈继续讲。妈妈问："会了吗？"他用舌头舔舔嘴唇，说："听不懂。"妈妈有点着急，不由得提高了音量，一边画图一边说一边列算式，最后讲完，算式已经写满了整张纸，但小威还是歪着小脑袋，左看右看地说"听不懂"！

"听不懂，就直接写上吧，明天再问老师。"妈妈已经彻底没了办法，只好应付，可是小威却不肯放过妈妈，他着急地说："老师说，父母讲的题不懂不能写，写了老师也看得出来。"妈妈无语，只好把题再说一遍，小威还是表示不理解。妈妈实在被小威折磨得失去了耐性，说："你要不自己想；要不听明白；要不先写答案，明天再问老师。"妈妈如同下了最后通牒般的声音吓到了小威，他委屈极了，明明他是按照老师的要求做作业，妈妈为什么要生气呢？想到这里，小威的眼泪刷刷地流了下来，妈妈看到他哭了，心底涌出一股无名火："有什么可哭的，不会就别写！"妈妈这回一点儿耐心都没有了。小威听到妈妈不让他写作业了，放声大哭起来。

妈妈对小威的哭感到莫名其妙，为什么我给他讲题，他会哭？这有什么好哭的？想到这里，妈妈越发生气，怒喝道："你哭什么呀？听不懂说明你上课没有好好学，你自己不好好学，还要哭，不许哭了！"小威仰着头望着妈妈，小嘴使劲地撇着，眼泪还是不争气地流了下来。妈妈看着小威不知道为什么更气了，对小威说："去卫生间罚站，什么时候不哭了，什么时候出来。"卫生间的空间很小，小威仰着头，看着天花板，他自己也糊涂了，为什么自己问妈妈题会被罚？

是啊，小威为什么被罚，他那么乖巧、可爱，他只是和妈妈说了自己真实的想法。难道就是因为妈妈讲了，他不懂，就要挨罚吗？很多时候，父母不知道为什么和孩子生气，孩子更不懂父母为什么和自己生气。如果发怒就能解决问题，发怒也算值得，可是往往怒火发了，事情却没有任何进展。

第一，父母在陪孩子写作业的时候，一定要找到控制自己情绪的方法！

我们面对的是一个懵懂的孩子，没有什么事情值得让自己发怒。无论是孩子真的淘气了，还是孩子不学习了，你都要记得你面对的是一个没长大的孩子，他们是真的不懂，而不是装出来的天真。

我的一位教师朋友曾经给我讲过她上课的一个小细节，她当时给六年级的同学上一节语文课，课文的标题是《卖火柴的小女孩》，文章里有一个场景:小女孩渴望得到一个火炉烤火取暖。当时就有一位同学举手提问:"小女孩为什么不想着用一个热水袋取暖呢?我妈妈怕冷都是抱着热水袋呀，又安全又好用。"当时朋友哑口无言。

还有一个朋友的儿子刚上一年级，孩子有一次做语文练习，练习要求圈出不是同一类的词，这些词里有弟弟、哥哥、老师、叔叔。孩子把叔叔圈出来了，妈妈问他为什么圈出这个词?孩子解释说:"我觉得哥哥、弟弟可能在上学，所以他们会和老师在一起，而叔叔是去上班,不在一起。"

妈妈听了孩子的解释哈哈大笑。童言无忌，孩子的思维有时受他的认知影响，他们的想法和成人不同是很正常的事，这时候，我们要懂得换位思考。

第二，发怒只会让理性的人失去理智。很多时候孩子能够在父母面前承认错误，不是因为他们真的知道自己错了，而是被父母的强势所压倒，出于一种自我保护的本能，只要能够让自己不受到更深的伤害，就暂时承认了。老一辈人总爱说:"我一辈子是你妈，你必须听我的。"是啊，母亲永远是母亲，对于母亲的话理应听从，但是听从等同于认可吗?

第三，控制情绪，给孩子一个健康的心理成长环境。科学家们做过一个实验，同样健康的小白鼠，一只生活在平和的环境里，身体很健康;另一只生活在充满噪音给它压力的环境里，它就早早患上了心脏病。孩子也许不会在十岁得心脏病，但是如果他们常年被父母强压控制，很可能会内心扭曲，这样的孩子未来犯罪的概率会很大。

当父母特别想发火的时候，要尽量克制自己不要去想让自己发火的事，而是将注意力转移到能够令自己心情愉悦的事情上。比如：听听音乐，音乐是世界上最美的心灵语言，听音乐可以让人释放不良情绪；洗洗衣服，一般家务劳动可以让自己的情绪转化成动能；立刻穿上衣服走出家门去慢跑、跳绳，运动是转移不良情绪最好的方式，坏情绪会随着汗液的流出而得到释放；找个朋友说话、打电话，诉说是人们平复情绪最好的手段之一，人们可以借助语言让压抑的情绪得到疏导，直至最终化解。

当然自我心理告诫也是很好的控制情绪的方法。发脾气前，在脑子里至少问自己三遍：这件事值得发脾气吗？给自己短暂的时间思考，就可能让自己冷静下来。在心底对自己说：控制住，不要把坏脾气爆发出来。尝试一下深呼吸，让自己冷静下来。深呼吸可以有效地起到放松情绪的作用，让自己快速地稳定下来。

也可以采用适当发泄的方法，让自己的情绪好起来。怒气在身体里积蓄会导致人的身心不健康，所以适度地让自己的情绪发泄出来，能够更好地调整心情，保证身体的健康。你可以对着镜子中的自己宣泄脾气，或者提前和家人约定给自己几分钟的发泄时间。作为家人要学会互相支持和帮助，但是发泄完后，要向家人表示感谢和道歉。

最重要的一点，还是要控制自己的坏情绪，作为父母——孩子的榜样和老师，应该学会用一颗平常心去面对压力、困难，这样就可以提高自己的修养，给孩子创造良好的成长环境。

3.5 父母的陪伴需要坚持原则

身为父母，我们总是对孩子的安危充满了担心：他过马路会不会被车撞到，他喝水会不会洒一身，他读书会不会成绩不好，他咳嗽了会不会得肺炎……孩子在成长的过程中，父母就是这样每天有着一大堆的担心。但是，你担心，孩子还是会摔倒；你担心，孩子还是会犯错误。面对孩子的成长，身为父母要懂得顺其自然。

壮壮是一名五年级的小学生，就像他的名字一样，他长得异常结实，有着厚实的肩膀、健壮的肌肉，已经有了一个少年男子的健美体态。壮壮属于乐观派，无论发生什么事情，他都会一笑而过。写作业马马虎虎，成绩自然也是一塌糊涂，只有见到老师的时候，他才会正经一点。

壮壮是奶奶一手带大的，老人看着自己的孙子长得结结实实的，为此感到特别自豪和高兴，尽管现在年事已高，但她还是每天到学校接孙子放学，陪着孙子学习。

奶奶每天接到壮壮的时候，都会习惯性地用手拍下壮壮结实的后背，然后关切地问："今天有人欺负你吗？老师批评你了吗？和同学相处得好吗？"似乎壮壮每天不是去上学而是去服刑似的，奶奶觉得校园里会充满各种恐怖的事件。面对奶奶的询问，壮壮每次都是闭口不答，而是直接提出自己的要求："奶奶，今天吃烤肉吗？""吃，吃！一早就给你准备好了。"对于壮壮来说，其他都不重要，只有好吃的才是最有意义的。

壮壮长得高大，但是胆子却很小，所以回到家里壮壮都会很主动地去写作业，如果赶上妈妈也在家，奶奶就会负责做饭，妈妈负责看着他写作业。

没过一会儿，奶奶就钻进壮壮的房间，也不管他是不是在思考，开口就问："烤肉里还放香菜吗？""不要！"壮壮头也不抬地顺口答道。妈妈却不乐意了："壮壮学习呢，您别打扰他！"奶奶虽然因为孙子被儿媳妇说，但一点儿也不生气，赶紧蹑手蹑脚地离开了房间。

"你这里错了。"妈妈像一个严格的法官，一旦发现问题就会立刻给壮壮提示。"哪儿？"壮壮迷迷糊糊地看了半天，也没有发现妈妈说的错在哪儿。"这儿……"妈妈不得不用手指出来，原来是壮壮抄数学题的时候把"直线"的"直"丢了一横。壮壮嘿嘿一笑，自言自语地说："看，老孙来消灭你这个白骨精。"然后用涂改带改错。妈妈听壮壮又自己演戏，也忍不住哈哈大笑起来。壮壮看妈妈笑得开心，给妈妈做了一个鬼脸，母子二人其乐融融。

一会儿，奶奶端着一盘刚刚洗好的草莓进来了，说："今天的草莓特别甜，赶紧尝尝。"

"妈，壮壮在写作业，您别走来走去的，老师说要安静才能写好。"妈妈对奶奶的打扰，又表示出了极大的不满，奶奶连连赔不是，"我又给忘了，不来了，不来了。"临离开前向壮壮努努嘴："赶紧吃，特甜！"壮壮才不管老师说还是妈妈说，拿起一个草莓就往嘴里放。妈妈厉声说道："放下！"壮壮看妈妈的神色突变，赶紧放下草莓，趴在桌子上继续写作业。"妈妈，你看这个数，怎么也除不尽，我都算了一遍了。""我看看……"壮壮作业中出现了问题，就会随时问妈妈，妈妈也是随问随答，特别认真负责。

妈妈对照着书和本，看了又看，又在纸上算了一遍，终于发现了蹊跷。而壮壮这个时候正在一颗一颗地品尝着草莓，妈妈早把刚才禁止他吃草莓的事情忘到了脑后。壮壮嘴里塞得满满的，妈妈说："慢点吃，看这吃相，跟难民似的。"然后她看着儿子慈爱地笑着。壮壮拿了一颗草莓放进妈妈的嘴里，母子俩幸福极了！

"妈妈，你算出来了，真棒呀！"吃了几颗草莓后，壮壮想起来自己的数学题，拿过妈妈的计算过程，抄在自己的作业本上。

……

虽然说陪孩子写作业是一段温馨、和谐的亲子时光，可是细细品味这样的陪伴，会给孩子留下什么呢？学习是一件严肃的事情，老师们会反复强调写作业习惯的重要性。今日的壮壮一边吃一边聊一边写，明日的壮壮就可以做到独立认真地去完成一件事吗？任何事情的结果都有起因，正是因为妈妈和奶奶这种陪伴方式，才在壮壮的潜意识里埋下了写作业可以不专心致志的种子，所以壮壮才会做什么事情都不以为然，考什么成绩都无所谓。

正是父母用爱把孩子推向了我们不想要的彼岸，正是父母对孩子不正确的帮助让孩子一点点地迷失了前进的方向。壮壮的家人需要好好地思考，到底他们要给壮壮留下什么？

孩子如同一棵小小的幼苗，小时候你给他浇水培土，为的是他今后能够长成参天大树，但是过于精细的呵护，也会让小苗产生依赖，抵抗不了自然界的任何风雨。孩子今后要自己面对一切，在他小的时候就要懂得自我努力的重要性。关心孩子是父母的本心，疼爱孩子是本能，但是过多的爱会让孩子变得懦弱和胆怯，过多的爱会干扰孩子的判断和抉择。作为父母，面对成长中的孩子，我们的陪伴需要坚持原则。

第一，要让孩子在一个安静的环境下独立完成作业，这是最基本的原则，不可以商议和修改。孩子一旦进入学习状态，就要提供一个相对安静自主的空间。孩子的注意力是很容易被分散的，一旦分散再凝聚起来就会很难。在一个杂乱的环境中，会大大降低写作业的速度和效率，也不利于孩子养成良好的习惯。

第二，孩子自己力所能及的事情，要鼓励他自己完成。背书包、削铅笔这样的事情，六岁的孩子就可以做到。自己需要的学具，要让孩子在做作业前做好准备，不可以一会儿找这个，一会儿找那个，这样不利于孩子高效地完成作业。

第三，孩子在学习过程中遇到问题，要让他先尝试自己解决，解决不了的可以写完作业再和父母讨论，不可以一边写一边问。写作业是学习知识、提升能力、训练思维的过程，让孩子自己解决问题，是必须要坚持的原则。

第四，学习是一件严肃的事情，不同于娱乐和消遣。在这个过程中，我们要让孩子集中精神，只做学习这一件事情，说笑、聊天是坚决不可为的举动，走动、起身也要尽量避免。对四年级以上的学生，保持一个小时的时间学习不走动是底线。一年级的学生要保持二十分钟，二、三年级的学生要保持四十分钟。如果孩子学习的时间过长，中间可以安排孩子起身活动活动，比如做原地纵跳、深蹲起等简单可行的运动，以加速血液循环，有利于大脑的思考；还可以向远处眺望，或是看看家中的绿色植物，或者做做眼保健操。长时间学习，孩子的眼睛会疲劳，让眼睛休息利于对眼睛的保护。做作业时尽量不吃食物，吃完食物的肠胃会和大脑争夺氧气，不利于孩子再次用脑，可以为孩子准备温开水，科学研究表明，白水可以快速给大脑充氧，提高大脑思考的速度。

父母教育孩子就像船在大海中航行。有的时候风平浪静，有的时候惊涛骇浪，作为掌舵的父母，必须学会仔细观察前方的海面，做出正确的判断，给孩子发出正确的指令，才可以让他们在大海里安全地行驶。

PART 4

学会六大技巧，
轻松点燃孩子
写作业的热情

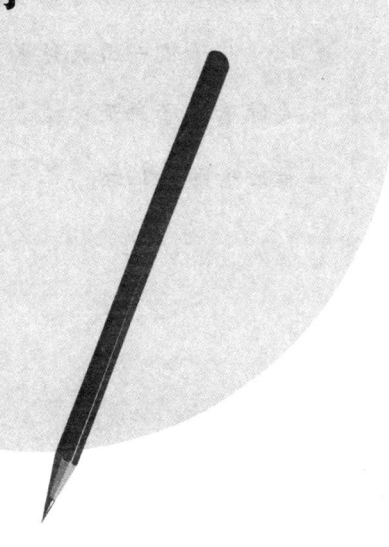

我一位做老师的好朋友曾经说过："一个老师教几年级，智力水平就是几年级。对于一个小学老师来说，他们最大的年龄就是12岁。"因为老师常年从事一件工作，所以他们已经适应了孩子的年龄特点、知识结构特点。而父母不同，孩子们一天天地长大，每天的知识发生着变化，父母要随着孩子每天的成长而成长，时间又不可逆转，所以父母比老师更难做。

4.1 用你的阅读陪伴孩子写作业

现在的社会，孩子还不会说话，就已经会玩手机了。有一次我去一个朋友家，朋友的孩子刚满十个月，他抱着宝宝和我聊天。我的手机响了，刚才一直很安静的小宝宝开始哭闹起来。我很困惑，难道是我的手机铃声吵到了他？朋友笑呵呵地说："这个小家伙看到别人动手机，他就要拿过来玩。你把手机给他，他肯定安静。"我试探地把手机递给小宝宝，他果然安静了下来，而且用小手抱着手机不肯撒手。

手机到底有什么魔力呀？这个时代，手机给我们提供了巨大的便利。无论在世界的哪个角落，只要有信号，我们的距离就会缩短到耳边。手机让我们实现了随时随地阅读、听音乐、社交、股市交易、娱乐、工作、购物、遥控……手机功能的强大，让很多人即使上卫生间也要带着它。出门可以忘记带书包、钱包，但是不可以忘记带手机。很多人只要手机离开身边几分钟，就开始焦虑不安。

有一次出差，同事的手机摔到地上没法使用了，因为条件限制，他无法快速修理，距离会议结束还有一天，同事却在这最后的一天，基本上不吃不喝，不停地计算着会议结束的时间，好去修手机。

矛盾的是，无论在学校老师的口中，还是在父母的嘴中，我们都会告诉孩子——不要玩手机。父母们自己手机不离手，却警告孩子不要碰！

瑞瑞今年五年级，个子不高，黑黑瘦瘦的。瑞瑞很好动，刚入学的时候，就查出有轻微的多动症，所以让瑞瑞安静地待上一会儿，对父母来说是一个巨大的挑战。瑞瑞的成绩一直让爸爸、妈妈头疼，每次考试后，爸爸都怕接到任课老师的电话，因为每次瑞瑞的成绩都在平均分之下。当然面对老师的兢兢业业，父母心中是有一些愧疚的，但除了说"我们努力帮助孩子，下学期一定要让他的成绩提上来，老师您辛苦了……"他们也没有什么办法。

天下没有父母愿意自己孩子的成绩在班级垫底，恰恰相反，所有的父母都满心期盼孩子就是班上那个状元。尽管很多父母都说："我不期望孩子多么优秀，中等就可以了。"但根据心理学的分析，这句话反射出来的，恰恰是父母不愿意让孩子成为中等生，中等生只是他们的最底线。所以很多时候，当父母得知自己的孩子是中等生时，表情都是僵硬的，因为孩子挑战了自己的底线。

由于瑞瑞成绩不好，他的父母只有不断地反省，想办法加强对孩子的监管。他们能想到的第一个举措当然就是陪瑞瑞写好每天的作业，这也是最有力的措施。

瑞瑞爸爸、妈妈的工作都比较有规律，妈妈下班略微早一些，爸爸六点左右也到家了。所以陪瑞瑞写作业的任务，是爸爸、妈妈交错进行的，多年来已形成了一种默契。一家人吃过晚饭，就是瑞瑞开始写作业的时间了，爸爸陪着的时候，第一句话少不了说："你今天给我好好写，写不好，我罚你再写一遍。"如果是妈妈，她就说："儿子呀，咱们用点心，每天陪你，妈妈的心脏病都快犯了。"面对爸爸、妈妈每天老生常谈的话，瑞瑞已经麻木了，总是默默地点头。

瑞瑞写字速度很快，但是很乱，经常是"3"和"5"都分不出来。爸爸看到这样的字，总是少不了吼上两句："你写点人能看得懂的字。"瑞瑞写字的姿势不好，头总是压得很低，前胸紧紧地靠着写字台，整个人就像一个坐卧版的"匍匐前进"状态。他的握笔姿势也有问题，大拇指、食指、中指并和在一起，不分前后，铅笔头就像一个被电线皮紧紧包裹的铜丝。爸爸看到了总不免唉声叹气："你怎么连个笔都不会拿呢？"

于是，瑞瑞还没有完全开始写，就已经被爸爸训斥得不知所措了，自己也不敢抬头，尽量控制住呼吸，唯恐哪个细小动作被爸爸发现又要被训斥一顿。也许是爸爸对瑞瑞过于失望，也许是因为瑞瑞写作业太安静了，爸爸会不由得掏出手机，目光从瑞瑞的身上开始转移到手机上，房间里的空气开始变得祥和了。

爸爸喜欢看各种新闻，玩游戏。随着向上滑屏的动作，爸爸快速地阅读着一条条的新闻。更多的时候，爸爸会戴上耳机，这样手机中的音频就可以在不打扰瑞瑞的情况下顺利播放了。爸爸个子很高，坐在椅子上习惯性地翘成二郎腿。当爸爸进入这样舒服的状态时，就不再教导瑞瑞。瑞瑞的心也开始放松下来，"3"又写出"5"的样子，计算中的竖式又开始不用尺子，写错了也不用修改工具，直接画一个大黑疙瘩。有的时候，还会不停地把黑疙瘩花上三两分钟"修饰"一番，而这些坏习惯爸爸也视而不见了，因为此时的爸爸正沉浸在自己的手机世界里。

如果瑞瑞画上两个黑疙瘩，爸爸还没有训斥他，瑞瑞就会把匍匐在桌子上的小胸脯挺一挺，偷偷地侧过头，看看爸爸在看什么。如果爸爸没有发现这个动作，他的头就会不由自主地向爸爸的手机挪一挪，如果这个时候恰逢爸爸在玩游戏，瑞瑞的目光就会完全停留在爸爸的手机上。只要爸爸不吭声，瑞瑞就会自觉放下笔，大大方方地看爸爸玩游戏。爸爸也似乎忘记了自己在看儿子做作业，也不会呵斥瑞瑞，爷俩儿还会聊上几句关于游戏的见解。除非这个时候，妈妈无意识地问一句："瑞瑞做完作业了吗？"爷俩儿才会回过神来，爸爸会严厉地说一句："好好写作业。"但是语气已经变得柔和了许多，也许是做了亏心事的原因吧。

瑞瑞的成绩为什么总是提不上来呢？爸爸、妈妈每天都"认真"辅导作业，为什么还写得乱七八糟呢？我想，手机才是罪魁祸首吧。有的父母认为：孩子写作业，我也帮不上忙，看看手机，也不打扰他，办公室里看手机的多了，也没有影响到彼此的工作呀！

在玩和学之间，孩子自然会选择玩，而手机对孩子来说，无疑是最好的玩伴。

有一位母亲，给我讲起他儿子和七八个同学同游颐和园的故事。孩子们一路走一路聊，很少有人关注身边长廊上的画，很少有人抬头看看万佛山。当父母们说休息的一刹那，所有的孩子都拿出自己的手机，或者要过父母的手机，开始联机玩游戏。

手机已经成了孩子们最好的玩伴，手机对他们的魔力远远高于成人。当孩子写作业的时候，父母掏出手机，对孩子会有什么不好的影响呢？

首先，分散注意力。孩子的注意力很容易被分散，他们集中注意力的时间远远低于成人，如果身边再有容易让他们分散注意力的事物，那么他们集中注意力的时间就会更短。手机是孩子感兴趣的东西，自然更容易分散他们的注意力。

其次，渗透不公平思想。孩子在学校学习了一天，回到家里，父母玩手机，自己写作业，就会让孩子觉得世界的不公平，这种不公平的思想会渗透到孩子的内心，让他们学会不公平地对待他人。

再次，渗透消极的思想。站在孩子的角度，写作业是一件很重要的事情，而孩子做很重要的事情时，父母却在玩手机。他们不知道借助手机阅读也是一种学习，在孩子的世界里，手机更多的功能是娱乐。所以他会潜移默化地对自己的作业不认真，今后做事也可能一边做一边玩。

最后，手机干扰了孩子的思维。孩子学习需要高度集中注意力，身边的任何事物都会干扰他的思考。安静的、积极的环境，可以促进孩子的思考；嘈杂的环境，孩子认为是负面的，就会干扰孩子的思维，降低孩子写作业的效率和质量。

如果父母需要在孩子安静做作业的时候做点什么，最好的事情就是看书、做笔记，或者完成自己的书面工作，让家如同阅览室。现在越来越多的人喜欢去阅览室工作、学习，是因为阅览室给人营造了一种良好的学习氛围，彼此之间会形成一种相互促进的学习氛围。如果父母在孩子写作业的时候看纸质书籍或者做笔记，可以在无形中影响孩子，促进孩子更加踏实、用心地写作业。

4.2 坦然接受孩子的"不会"

相信绝大多数陪孩子写作业的父母，都有过"怒吼"的经历。无论是学富五车，还是阅历丰富，面对几岁的孩子我们总会无计可施，不得不向孩子吼叫一番才可以压制住内心的愤怒。无论我们原来是温柔可亲还是脾气火爆，面对写作业的孩子，最终都会变成同一类人，抓狂怒吼才可以让自己恢复正常。不管我们开场多么心平气静，面对孩子写作业的状态，最后都会失去理性地狂轰滥炸一通。陪孩子写作业真的这么容易让人失去理性吗？答案是：是的！

云云是四年级的小学生，性格温和，长得也很漂亮，一双水汪汪的大眼睛，让人一看就生出喜爱之情，她的肤色极白，大概童话故事《白雪公主》的主人公就是这个样子吧！她有一头顺滑黝黑的长发，是妈妈的最爱，妈妈喜欢把她的头发梳理成各种发式，戴上漂亮的小发卡。如此可爱的小姑娘有谁不喜欢呢？

可是云云学习成绩并不好，特别是数学成绩一直徘徊在六七十分，老师说到了五年级知识会一下子变得抽象很多，孩子学习起来会更加困难，还需要父母多引导，帮助她提高成绩。听了这番话，云云的妈妈似乎一下子苍老了十岁，她真的想问问苍天她该怎么拯救她的女儿。

云云知道自己的成绩不好，只要提到学习，她黑亮亮的大眼睛就立刻失去了神采，要是任何人再多说一句，她的眼泪就会一串串地往下掉。每次考完试拿到成绩单，云云都会很痛苦地向妈妈道歉："对不起妈妈，我又没有考好……"看着懂事的女儿这样，云云妈妈的心都快碎了，每次这个时候，云云妈妈就告诫自己："女儿已经很努力了，她是最优秀的孩子！我要好好地爱她，给她更多的爱才可以。"但这样的内心暗示，只要一件事情就可以被推翻——陪云云做作业。

妈妈在一家公司做人事管理，上下班很有规律，每天云云到家后自己玩一会儿，等一家人吃过饭就开始全家上阵帮助云云学习。

云云字写得很工整，每一个字都很漂亮，语文作业不用妈妈多看也不会出错。英语作业也是按部就班，按照老师的要求，听三遍课文，读三遍课文，背诵课文，一切都井然有序。但是一做数学作业，云云就开始紧张发蒙，特别是复习的时候，整张的试卷从填空题开始，会一错再错。

她会将12公顷换算成120平方米。坐在一边的妈妈，用铅笔头指一下错的地方："云云，再想想，公顷和平方米的进率是10吗？"云云把铅笔头放在嘴巴上咬起来，这是她养了四年的习惯，只要遇到不会的题目就开始咬铅笔头。为此妈妈还特意把铅笔头上套上了塑料头。云云思考了几秒钟，用橡皮擦掉答案，擦得格外用心，一下、两下、三下……字迹已经看不清楚了，但是她还在擦，直到妈妈说："可以了，已经够干净了。"她才会用小手轻轻地掸掉纸上的橡皮沫，但也要掸上三四遍才会停手。

云云之所以这样做，是因为她已经开始紧张了，因为在她决定擦的瞬间，她并不知道这道题的正确答案是什么，她的大脑一片空白，她故意磨磨蹭蹭，以回避面对自己的错误，也借此拖延下一个错误答案的出现时间。

"12公顷等于12000平方米"，她又把一个错误答案写在了纸上。她写每一个零的时候，动作都要比写其他的字慢得多，她在用自己的动作试探妈妈能否给她答案。"怎么可能是12000呢？公顷和平方米的进率是10000呀，所以是120000呀。这都给你讲过多少遍了，你怎么就是记不住呢？"妈妈看到云云再一次写上了错误的答案，此时她内心除了着急，还有更多的不理解。为什么这么简单的知识云云就是不会呢？这个进率有这么难记吗？

"云云，1公顷等于10000平方米，妈妈带你背过很多次了呀，你怎么又给忘了呢？"与其说妈妈在和云云探讨忘掉的原因，不如说妈妈在自己反问自己，为什么如此简单的问题，她的女儿就是记不住？！妈妈的声音明显比刚才高了很多："这回你记住了吗？"云云忽闪着大眼睛，使劲地点头，妈妈的心终于通过云云的点头得到了些许安慰。

"23000公顷等于23平方千米"。女儿再一次写出了一个错误答案，妈妈刚才略显平静的心一下子又变得烦躁起来："云云，你怎么搞的，这怎么可能是23呢？它们的进率不是1000呀！"妈妈的声音中除了不解之外还有难以遏制的怒火，"你怎么可以又记错了呢？再想想。"

云云的头又往下低了很多，想了一会儿在卷子上写上"23000公顷等于2300平方千米"。"你怎么搞的，难道你的脑子不是用来记东西的吗？这么简单的问题反复做，反复错，你别学了，学什么也学不好。"这回妈妈如火山爆发一样，猛地从椅子上站了起来，声音似乎要冲破整个房顶，"天天给你讲，天天带你练，我的舌头都出茧子了，你的耳朵就没有磨出泡吗？"

云云抬起头望着站在面前的妈妈，她觉得妈妈好高呀，就像一个巨人，她怎么也看不到妈妈那双原本温柔的眼睛。云云的眼泪唰地一下流了出来，一边哭一边说："妈妈，对不起，对不起，是我错了！"看着云云的眼泪如珠子一样地滑落，妈妈的心一阵阵地疼，眼泪也不受控地流了出来。"妈妈，我错了，我错了，我今天一定记住！"云云还在努力地向妈妈证明她能记住。

……

云云真的错了吗？计量单位对于小朋友来说是一个很难建立起来的概念，大面积的单位就更难，因为一公顷到底有多大，我们除了用概念去描述——边长100米的正方形面积就是1公顷。但是100米的边长，对于小朋友来说，无法在脑子里建立起一个具体的概念，他们只知道这是一个很大的面积，1平方千米就更难了，一个无法和现实构建联系起来的知识掌握起来就是困难的。也许大多数学生通过老师对概念的讲解，在头脑中可以建立模型，还有一部分孩子也许并不能马上建立模型，但是通过老师反复地讲解、训练，可以达到掌握知识的目的，但未必是真正意义上的理解。还有一些孩子，空间感差，很难建立起正确的模型。不是所有的知识孩子们都可以顺利地掌握，而且掌握的速度、程度都要因人而异。

妈妈错了吗？对于妈妈来说，公顷、平方千米、平方米就是一种基本的生活常识而已，因为她在生活中会经常接触到，她已经可以把知识和生活实际结合在一起了，她可以很轻松地把知识还原到现实生活当中，而云云学习知识的过程，恰恰是从生活中提取知识的过程，和妈妈的认知是相反的。两个认知完全相反的人，怎么可能那么容易达成理解呢？

因为孩子对某些知识掌握得不好，父母会表现出非常不理解。其实站位不同，看到的世界就不同，父母并没有蹲下身来看孩子的世界。

曾经一位妈妈和我谈到女儿写日记的故事。她的女儿刚刚进入小学一年级，老师让孩子们用"笑脸图"表示这一天的心情。如果过得非常有意思就贴上一个笑脸，如果有点伤心就贴上一个哭脸，如果这一天过得还好，就放上一个平平的脸。同时老师也告诉孩子们，还可以把让你笑的故事画出来，如果能够用自己学的拼音、汉字把故事写出来，那就更棒了。于是妈妈就让自己的女儿写日记。孩子写："我很高兴！"妈妈说："你为什么高兴呀？"女儿又写："我吃了同学的蛋挞，我很高兴！"妈妈觉得还是不满意："你干吗吃人家的蛋挞呀，你要写出来。"女儿又擦了，但是这回她写了半天也说不清为什么吃别人的蛋挞。这样一篇日记孩子写了一个半小时，妈妈生气极了。

这位妈妈找到我，告诉我说："这孩子太磨蹭了！"是女儿太磨蹭了吗？当然不是，是妈妈对一个刚刚进入一年级的小朋友的要求太高了，他们能够用图表的形式记录自己一天的心情已经是超级棒了，因为对于孩子来说能回忆出这一天发生的事情，就是对一天最好的总结。而父母要求孩子把事情写具体，这已经是九岁孩子的极限了。

在陪孩子做作业的过程中，如果发现孩子不会做，父母应该怎么做呢？

　　第一，问问孩子是怎么想的。有时候我们看到的是事情的表面现象，而表面下掩藏的才是实质问题。孩子的答案是错的，肯定是他的思维出现了问题。让孩子自己说说是怎么想的，父母才可以了解到孩子到底哪里有问题。也许这很浪费时间，会无形地延长写作业的时间，但是如果一次就发现了病灶，清理干净，会给孩子今后节约出很多的时间。

　　第二，允许孩子作业中有不会的题。一位有经验的老师曾跟我介绍过他让学生喜欢写作业的方法。就是如果孩子遇到不会的题，就写上"不会"。他说，作业就是查漏补缺的，对和错是一种状态，不会也是一种状态，让孩子把自己真实的状态展现出来，才可以有针对性地解决问题。我觉得老师的做法很好，为什么一定要让孩子都会呢，不会的又留给谁呢？留给比父母更专业的老师去完成。

　　第三，要蹲下身子看待孩子。很多父母觉得孩子的作业很简单，所以才会看到错误就怒火中烧。家长觉得简单的事情，对于刚刚接触这一知识的孩子来说，却很可能是一件很难的事。孩子需要理解，需要来自亲人的理解。

　　第四，要科学地解决问题。老师是教育的专业人员，他们的专业性决定他们可以给孩子更多的教育帮助。父母在辅导孩子作业的过程中，要想充当教师的角色，就要提升自己的专业性，要借助教育学、心理学、课程标准等专业的知识提高自己辅导孩子的水平。

　　控制好自己的情绪是一件很难的事情，劝人容易劝自己难。所以，父母只有先管理好自己的情绪，才可以不把自己气病、气倒。

4.3 教会孩子解题思维而不是追求结果正确

很多父母在孩子没上学、没涉及考分的时候，会充满期望地说："我不苛求孩子多么优秀，只希望他能快乐地成长。"这是多么美好的愿望呀，一个人如果一生拥有了快乐，还能说是不幸福的吗？当孩子进入学校大门的一瞬间，父母们会这样描述孩子的未来："我不奢求他学习多么优秀，保证中等就可以，只要他做一个正直、善良、诚实的人。"孩子进入学校后，自然有了分数的约束，在父母把孩子送进学校大门的瞬间，他们脑海里想到的就是各种分数。作为父母最不愿意看到的是自己养育的孩子不是最优秀的，所以他们满心都是顾虑，目标定在中等是为了让自己的内心压力不会太大，也是人对自尊心的一种潜在的保护。当孩子在学校里学习了一段时间后，孩子的学习状态已经有了一定的呈现，父母们又会说："他成绩好不好我从来不在意，只要他健康、快乐、诚实就可以。"在这时，父母们已经借助孩子们多次的成绩面对了现实，经历了打击，所以为了让自己的心情能够保持平静，先表态不在乎孩子的成绩，以便让自己可以面对更多的来自孩子成绩的压力和挑战。当然，随着孩子年级的升高，当孩子面临小升初、中考、高考的时候，父母们对成绩的要求也越发地清晰了。

当一个生命诞生于一个家庭的时候，在那一瞬间，所有的父母都会认为自己的孩子是最优秀的，他们可以承袭一切的聪明和智慧，他们的孩子会比所有的孩子都优秀。这是人正常的心理，我们都期望自己的下一代超越自己，这就是希望的沿袭。

中国人天性内敛，有的父母把这种期望用自己的语言外壳包裹得严严实实，不愿意袒露内心的真实想法。目前在中国家庭中，经济投入最高的一项就是子女的教育，父母为了孩子的明天愿意倾其所有。孩子一出生就让孩子去学游泳、学社交、学协调；小的时候让他们上最好的幼儿园；孩子进入小学，许多父母甚至放弃工作专门陪伴，让他们参加各种兴趣班，培养多种才能，参加种种考级；到了初中、高中阶段，更是全年无休地让他们参加补习班。父母所做的这一切就是希望孩子比自己更加优秀，生活更加幸福。

所以哪怕再忙，父母们都会抽出时间陪伴孩子写作业，并且在陪伴的过程中，愿意尽自己最大的努力帮助孩子掌握更多的知识，提高学习成绩。

丽丽是一名四年级的小学生，她性格乖巧，为人热情，总是喜欢帮助人。她的个子是班上最小的，所以从一年级开始她就坐在前排。她上课的时候，也许是看不到后边同学在做什么的原因吧，她总会找个机会扭过头看看后边。老师讲课的时候是这样，上自习的时候也是这样，即使是考试的时候，她也习惯性地回回头，为此，老师多次和父母反映。当然丽丽的成绩也不太理想，语文偶尔能够得到九十分，而数学总在七八十分，父母对此非常着急。

丽丽的父亲是本科毕业，妈妈是专科毕业，夫妻俩觉得辅导丽丽数学的任务还是交给父亲好，所以只要到了丽丽做数学作业的时候，爸爸就会来换妈妈的班。丽丽天生高度散光，带着一副粉红色的小眼镜，再配上两个牛角辫，十分可爱。妈妈和爸爸换班的时候，就是丽丽可以略微休息一会儿的时候。她总会趁这个时间捡起一个玩具玩一下，或者逗逗家中的小猫咪。等爸爸坐好了叫她过来写作业，她才一跑一颠地坐到桌子前。

她每天除了要完成老师布置的数学作业，还要跟着爸爸做上一页课外习题。爸爸一直坚信丽丽的数学成绩不好只是脑子暂时没有开窍，多做点练习题就一定能得一百分，这种坚定的信念一直支撑着爸爸。

爸爸的性格很好，从来不会因为丽丽摸这摸那而训斥丽丽，只会提醒她"你要集中精神想"。

第一题：张老师带了460元钱，每个篮球90元，可以买几个篮球？还剩下多少钱？

丽丽跟着爸爸一起大声地把题目读了两遍，也按照老师的要求，把条件用大圈圈了出来，然后很郑重地写下：460-90=370（元）。爸爸保持着绝对的冷静，说："丽丽你做得不对，应该用460÷90。"丽丽懂懂地点了点头，立刻把自己的答案擦掉，按照爸爸说的写出了答案。

第二题：小军8分钟走了640米，照这样的速度，他走15分钟，可以走多少米？

丽丽还是和刚才一样，读题、圈画、列式，这次她记住了爸爸说的"除法",写上：640÷8=80（米），80÷15=5（米）……爸爸说："第一步是除法，第二步是乘法了，应该是80×15。丽丽你要认真读题，不能瞎蒙。记住了吗？"丽丽使劲点点头。

　　……

　　不得不说，爸爸对孩子的付出和爱是伟大的，而且在孩子遇到困难的时候，还能够保持冷静，父亲的心胸很宽广，但是这种陪伴是无效的。

　　父亲的做法错在哪里呢？他关注了解题的结果，却没有对孩子思维进行训练，爸爸只告诉了丽丽结果，但把自己的思考过程省略了。那么丽丽即使做上一百道题，也没有效果，因为她的思维没有得到训练，她也不知道爸爸的结论是怎么出来的。

　　我以前听到过这样的报道，一位清华毕业的研究生却给自己一年级的儿子讲不清楚怎么做题。父母学历的高低并不能代表辅导孩子的水平，在现实生活中，很多父母都存在这样的问题。他们看到了孩子的问题，试图用各种方法帮助孩子解决，但是孩子就是听不懂，最终导致家里因为给孩子辅导功课而变得鸡犬不宁。

　　一位妈妈曾经给我讲过他辅导儿子的经历。她是一位剧作家，对语言非常敏感，每天除了创作就是评价别人的创作。而她上五年级的儿子的语文阅读水平却糟糕透了，每次考试都至少丢一半的分。她每天在家里给孩子讲阅读，但是成绩始终不理想。后来我告诉她，因为她站在了一个剧作家的高度，从文章中提炼的感受是凌驾于儿子之上的，不是他的水平所能理解的。尽管她的分析得头头是道，但是她并没有告诉孩子是从哪里分析？在分析的过程中，我们可以借助什么样的方法进行分析？分析的途径是什么？分析的模型是什么？甚至分析的框架是什么？当我给朋友提出这一串问题的时候，她恍然大悟，原来她不是在给儿子辅导阅读，而是自己在完成阅读，即使她辅导了很多篇，但是对于儿子来说却是一无所获。

我们做父母的在辅导孩子作业的过程中，总觉得自己已经说得很清楚了，但是孩子就是听不懂，做题的时候依旧还是错，父母的情绪就会慢慢地失控，最终导致辅导的失败。有时候，爸爸辅导失败，妈妈还会为此不满，从而引发家庭矛盾。近年来，因为孩子教育问题而导致家庭解体的案例在不断攀升，究其原因，大多是父母自己的辅导方法出现了问题。

那么我们应该怎么给孩子辅导作业呢？

第一，要让孩子张口。孩子是老师和父母之间的唯一纽带，孩子在学校听课，在家里练习；学校里讲课的是老师，家里辅导的是父母。老师讲了什么，只有孩子知道，老师讲了什么才是父母辅导的依据。就好比修车，光知道车坏了还不行，还要知道这一品牌车的特点是什么，这样修理起来才会节约时间。在讲授之前，父母要先问问孩子这几天在学校学了什么，老师都讲了什么。也许孩子太小说不清楚，就要让书"张口"，老师在学校做了哪些练习，这些练习老师是怎么讲的？孩子在小学一年级下学期的时候，就有了一定的复述能力了，他可以做到很好地复述老师的讲课过程。

第二，练习要有效。有些父母觉得只要是练习就是好的，只要多练就是对的。其实不是这样的，做任何事情都是为了得到好的效果。老师在学校让孩子学习了10到20的数，在家里父母非要让孩子练习10以内的加减法，这就属于背道而驰，没有起到作业应该起到的巩固作用。

有效的练习，是建立在学校学习基础上的，另外，知识的获得既需要质的提升，也需要量的积累。像丽丽爸爸这样，练习不同的题型，对于学生来说学习的强度和难度都会翻倍。

第三，重视规律的总结。生活中的很多发明创造并不代表特殊现象，而是代表一般规律，学习中也存在着规律，老师就是利用各种规律来达到教学目标的，这是学习的基本方法。规律的剖解不是靠父母，而是靠孩子自己，比如爸爸要让丽丽观察为什么这两个题都可以用除法呢？当丽丽自己发现了规律，她才可以找到通向成功的大门，也才可以不断地提升学习的兴趣。但如果仅仅是父亲发现了规律，那么这是父亲的思维创造，不是孩子的，对于孩子来说效果就很小了。

总之，在陪孩子写作业的过程中，父母不要把讲会一道题当作一件很容易的事情，从心理上明白这个道理，会让自己的情绪得到很大的改善。

4.4　不要让"陪伴强迫症"挤压孩子的独立空间

在读这篇文章之前，我们先要了解一个医学名词——强迫症。

强迫症属于焦虑障碍的一种类型，是一种以强迫思维和强迫行为为主要临床表现的精神疾病，其特点为有意识地强迫和反强迫并存，一些毫无意义，甚至违背自己意愿的想法或冲动会反反复复侵入患者的日常生活。患者虽体验到这些想法或冲动是来源于自身，极力抵抗，但始终无法控制，二者强烈的冲突会使其感到巨大的焦虑和痛苦，影响学习工作、人际交往，甚至生活起居。

之所以提到这个词，是因为我在和很多父母沟通的过程中，都发现有些父母有着"陪伴强迫症"。也就是说父母为了让孩子达到自己所要求的标准，会不停地对孩子进行帮扶教育，但这种教育会伤害到孩子的身体和心理的健康。这种强迫症不仅摧残了父母的心理，同时也破坏了孩子的快乐，影响家庭的和谐。也许在医学领域里，这个说法并不成立，但正是父母的言行有如此的表现，才会让自己陪孩子写作业的过程变得痛苦。

小志是一个三年级的男孩儿，他戴着一副圆圆的眼镜，有着圆圆的脸庞和圆圆的鼻头，很多人说他是少年版的哈利·波特。小志的学习成绩一直是班里的前十名，他们班是年级十个班中最优秀的班级，用班主任的话说，班中每个孩子都是尖子生。

从一年级开始，每天小志妈妈接他放学后，都会先带他去单位把作业写完。因为妈妈下班的时间正赶上晚高峰，从家到学校的路程拥堵不堪，要花费很长时间才能到家。所以妈妈就会带着小志在办公室里吃晚饭、做作业，等高峰期过了再回家。那时到家基本都在晚上八九点了，小志也就该上床睡觉了。所以，家对小志来说，更像一张睡觉的床而已。

小志的妈妈对小志非常负责任，每次都会认真记录老师对家长的要求和建议，特别是老师提出的陪写作业的要求，更是会逐项落实。一年级的时候，英语老师要求学生每天要把课文听五遍，听完再读五遍，然后背诵下来。英语一课书分为三个模块，一部分是听力，也就是课文；一部分是课文中的重点句式，以此加强口语练习；最后一个模块是单词，小学每课书的单词都不多，两到四个。小志妈妈每次都一项项地陪着孩子完成，放录音的时候，小志妈妈就像英语老师那样要求着小志，一定要认真听，妈妈为此还会观察孩子的眼神是不是在用心听，如果发现孩子走神了，就要再来一遍。

小志背东西不算快，尽管每篇课文只有三四句话，但孩子背起来还是很费劲。小志妈妈为了帮助小志记忆，就一边翻译，一边带小志一个词一个词地背。有的时候背下一篇课文要用四五十分钟。小志还好，但妈妈的嗓子已经干哑了，因为她不仅要提示小志，还要一遍一遍地配合小志一起背诵，有的时候还要帮助小志还原课文情境，像小学生一样和小志一句一句地对话。

一篇课文通常会有一两个句式，小志的词汇量少，经常是想到句子但是不会说。小志妈妈的英语也不好，而且有些单词她上学的时代也没有学过，只能一边查手机一边给孩子讲。只要课本涉及的单词，妈妈都会用笔记在本上，和小志坐公交车的时候再一起背单词。

小志妈妈就像一个专业的老师那样认真，遇到她不会的她会放下自己的架子与老师主动联系，老师每次讲的时候，她都会用笔加以记录。

因此，凡是老师提及的内容，她都会带着小志一一落实，从一年级起小志每天回"家"后的温习时间都不少于三个小时。当然这其中也包括小志上兴趣班的作业，妈妈也会一一陪着他做完。

有时小志累了，就会不自觉地趴在桌子上睡觉，妈妈就会亲切地摸摸小志的脑袋，给小志鼓劲。小志也会顺从地再次配合妈妈的辅导。有的时候同事也会因为各种原因带小朋友来办公室，小志就特别想和小朋友们玩一会儿，可是每当他看到妈妈眼睛里的"不允许"三个字，就再也不争取了，而是可怜巴巴地望着跑出去的小朋友。

小志已经习惯了妈妈让做什么就做什么的生活，妈妈也会常常直接表扬小志："你是世界上最听话的孩子。"但是随着小志年龄的增大，到了三年级的时候，小志就开始有了反抗的意识，他不愿意在妈妈的办公室里学习，尽管办公室里的灯光很亮，尽管办公室里没有一个外人，但是他就是不高兴。妈妈让他每天做五道奥数题，他做了三道就不愿意再做了，原因是太难了，想得头疼。每天妈妈都会让小志把所有学过的字都默写一遍，小志觉得老师已经让写过了，何必再写？有的时候小志还会突然提到同学们正在看的动画片的内容，妈妈就严厉地训斥他："学习就学习，看什么动画片。"小志觉得格外委屈，为什么别的小朋友可以回家，他不能？为什么别的小朋友可以谈动画片，他不能？为什么别的小朋友可以不用经常听写英语课文，他必须听写？矛盾开始在小志和妈妈之间蔓延，妈妈觉得小志越发难管了。

起初妈妈还给小志讲道理，后来面对小志的问题，妈妈就直接回答"不可以！"再后来，妈妈开始威胁小志："你要是再闹我就不要你了！"小志很委屈："为什么我这样听话了还是不对？"妈妈就会说："你们班上那么多优秀的同学，哪个不比你懂事，哪个不比你成绩好，你有什么理由闹？"妈妈也觉得很委屈，为了小志，她下班不能回家，每天在单位的时间比别人长了很多，成了义务加班了，不能回家陪着老公看电视、吃晚饭，她的幸福生活找谁要呢？想到这些的时候，妈妈就觉得这辈子的美好时光都被儿子给抢占了，母子俩之间时时散发着浓浓的火药味。

小志错了吗？小志是个九岁的孩子，是孩子就要有娱乐，是孩子就要玩耍，是孩子就要慢慢地感受家里的温馨、生活的幸福。

妈妈错了吗？她放下自我，全身心地投入到孩子的教育中，这一切仅仅是希望孩子能够学习顺利，成绩优异，今后不会落在别人后面。

到底错在哪呢？

首先，孩子健康成长是一个漫长的过程，在这个过程中，孩子们要通过各种事物去感受生活是什么，而不能单纯地把学习当成其成长的唯一目标。这样的童年是单调而乏味的，会让孩子的身心变得不健康。

其次，孩子每天经历的事情一定会有重点，面面俱到未必是好事，我们需要帮助孩子完成他必须承担的任务。同时父母也有义务帮助孩子梳理出重点，要让他的生活丰富而不是沉重。

第三，要给予孩子自己的时间、空间，要让他们有自己的世界，要让他们慢慢地通过自己的努力去探索更多更有趣的事情，而不能用大人的苛求把孩子的世界填得满满的，一丝风都透不过来。

父母过于紧张的陪伴，对于孩子来说是一种捆绑，反而不能让他们更好地成长，不能让他们的个性得到最大限度的发挥，从而扼杀了孩子探索知识的积极性。

4.5 做一个"先为自己戴上氧气面罩"的父母

相信绝大多数坐过飞机的人，都会对飞机起飞前空姐、空少为我们讲解的安全事项记忆犹新，其中关于飞机飞行的过程中，如果发生氧气面罩脱落的状况时，父母一定要先自己戴上氧气面罩，才可以为孩子戴上。其实，第一次听到这个规定时我颇不能理解。孩子不是需要先被照顾的吗？为什么在这里却要父母先自己戴上氧气面罩？这很不符合人之常情。

一位空姐为我解释：人缺氧一小会儿不会有什么事，如果成人自己戴好面罩，即使这时候孩子缺氧昏迷了，你再为他戴上面罩也不会有事。如果你先给孩子戴，很可能自己还没戴好就昏迷了。而孩子不知道该怎么给你戴面罩，于是造成严重后果。

不得不说，我们生活中与之相似的道理太多了。父母真的要先照顾好自己，才能有更多的精力照顾孩子。

小涵是一名五年级的学生，今年十岁半了。他的爸爸是一名公交车司机，上早班的时候四点就要起床，上晚班的时候十二点才回到家。为了配合工作，整个人的作息时间和家里人都不一样。

小涵是班里的淘气包，长得又瘦又高，父母经常被老师请到学校处理孩子的问题。爸爸、妈妈也是无数次地警告小涵，有的时候爸爸气极了也会痛打他一顿，但是过不了几天他又照样"大闹天宫"。小涵的学习成绩也不是很理想，分数就像坐过山车一样一会儿上、一会儿下，有这样一个孩子，他的父母确实要比别人费心费力得多。

小涵妈妈在超市工作，也分上、下午班，所以妈妈就和单位商量好和爸爸的早晚班错开，这样孩子每天都有人陪着学习，避免孩子的学习状况更糟糕。

无论是爸爸还是妈妈，陪小涵写作业都是一个力气活。他很少能老老实实地坐在椅子上学习，不是一会儿要去上厕所，就是一会儿要去喝水，每天都要折腾半天。每次他提出申请的时候，爸爸、妈妈也会制止他，但他从父母的话语中，能听出什么时候爸爸、妈妈不是闹着玩儿的，如果不听话就可能挨一顿训斥。所以这时，如果父母很严肃地说："不可以，写完再去。"他也就不再出声了。但是过一会儿，他又会说："我需要去买把尺子，刻度不清楚，没法测量长方体的数据。"爸爸会亲自检查，发现是真的不清楚，就会自己替小涵下楼买文具。当然这个时候，小涵就可以舒舒服服地待上十几二十分钟了。

因为小家伙总是这样折腾父母，所以后来爸爸、妈妈对他的一切要求都说"不！"可是如果爸爸拿出手机，他立刻就会竖起耳朵，通过爸爸发出的细微声音来判断爸爸在用手机做什么，所以爸爸干脆不再动手机。因为生活不规律，坐在一旁看着他写作业的爸爸一会儿就会犯困，爸爸用手抱着双肩，尽可能地找到一个舒服的姿势，然后闭上眼睛打盹儿。

一到这个时候，小涵就是一个没有人看管的自由人，他才不会认真地去写作业，他会左手拿一支笔，右手拿一支笔，玩起铅笔大战，玩得兴起时，还会用橡皮搭一个城堡，敌我双方开始互相攻击；有的时候，小涵会拿笔在书上画小人儿，把书画得如同漫画书一样。总之，他总能在爸爸闭目打盹儿的时候，找到各种娱乐的方式，当爸爸一阵呼噜声响完，睁开眼睛看到小涵没有写几个字的时候就会怒气上升，大吼一句："你给我写作业！"

听到狮吼声，小涵明白"好汉不吃眼前亏"的道理，暂时安静下来，用心地写上几道题。但是过不了十分钟，爸爸又会换一个姿势，进入新的一段呼噜奏鸣曲中……如此循环往复，最终小涵的作业什么时候完成就要看爸爸能睡几觉来决定了。

如何调和父母休息和陪孩子写作业的时间呢？我个人认为：

第一，父母该休息一定要休息。人首先只有照顾好自己，才能有精力去照顾家人，如果自己的身体垮掉了，那么就不是简单地不能陪孩子学习这样的事情了。

第二，父母无法调节时间的时候，可以采取调动孩子自主性的方式。每个人的潜能都是无限的，没有研究证明陪伴孩子写作业就一定是最好的培养孩子的方式。和孩子做好约定，如果他自己能够独立完成作业，就要给他一定的表扬和奖励。约定的内容必须是父母和孩子双方都认可的，才能体现约定的公平性。约定的内容一定要具体，要有量化的标准，不能言语模糊，要尽可能地把孩子作业中常遇到的项目设置具体，具有可操作性。另外约定是双方的，所以孩子达到了就要给予孩子肯定，如果父母没有达到，也要有相应的惩罚措施，这样孩子才有积极性去落实。另外，协议要随着孩子的学习状态加以调整，不能长此以往一成不变。

4.6　为孩子营造安静的学习环境

　　父母对孩子学习最大的帮助是什么？是给予孩子一个安静的学习环境。我们都知道"孟母三迁"的故事，孩子学习的环境是非常重要的，就像鱼儿需要在水里才能生存，植物需要在阳光充足的地方才可以长得健壮一样。

　　"学习"一词是由"学"和"习"两个字组成的，最早由孔子将这两个字联系在一起，他说："学而时习之，不亦说（yuè）乎？"意思就是：学了之后要经常对学过的知识进行温习，这难道不是一件很愉快的事情吗？

　　学习是通过教授或体验而获得知识、技术、态度或价值的过程，从而导致可量度的稳定的行为变化，更准确一点来说是建立新的精神结构或审视过去的精神结构。这些变化不是由成熟、疾病或药物引起的，也不一定表现出外显的行为。

　　是由于经验或实践而发生的持久或相对持久的适应性行为变化，能够使动物的行为对特定的环境条件发生适应性变化的所有过程，或者说是动物借助于个体生活经历和经验使自身的行为发生适应性变化的过程。

　　而在这一过程中，安静的环境是非常必要的。因为学习的最佳状态是当人们的大脑频率处于 α 波时，人的意识清醒，但身体却是放松的，它是意识与潜意识的"桥梁"。在这种状态下，身心能量耗费最少，相对地脑部获得的能量较高，运作就会更加快速、顺畅、敏锐。

　　月月是一名小学三年级的女生，属于好动的类型，平时有点风吹草动就喜欢探明究竟。即使是上课的时候，教室外边传来一点响声她都会竖起耳朵，还想看一看，为此老师没少批评她。月月的父母工作都很忙，月月主要由奶奶接送上下学，每天放学后也是奶奶陪伴她学习。奶奶今年六十八岁了，身体还算结实，但是人老了总是会忘事。

　　月月每天到家就是用奶奶的手机给妈妈打一个平安电话，妈妈会在电话里叮嘱月月好好写作业，每天就像复读机一样重复着同样的话语，月月也会机灵地回答："我肯定好好写作业，妈妈早点回来呀！"

　　月月是一个机灵的小家伙，学习成绩一直不好不坏，用妈妈的话说有点小马虎，但学习还不算太费劲。

　　月月写作业也从来不用奶奶催，只要放下电话，就会趴在客厅的大餐桌上开始写。孩子比较顽皮，写每一项她都会大声地读出来："第三课词语每个一行。"这既是给自己听，也是给奶奶听。因为奶奶不像妈妈一样坐在桌子旁边陪做作业，而是一会儿去厨房看看晚上煮的粥够不够软糯，一会儿又去阳台把白天洗的衣服收一收。无论奶奶去哪个房间，客厅都是必经之路。

　　每次奶奶出现在客厅的时候，月月都会抬起头和奶奶说上一两句："今天的排骨可以做成糖醋的吗？""可以，那我还要看看有没有醋了，昨天吃饺子用了很多。"

奶奶刚要去阳台，月月又说："您把我的校服洗干净了吧，昨天晨晨给我画了一道红笔道，我告诉老师了，老师批评了他。他总是欺负我。"奶奶认真地回答："洗了！我用手洗了半天，是不大好洗，我揪着脏的地方来回揉了半天。那是该告诉老师，这孩子怎么总是欺负同学呢？"

当奶奶拿着抹布去妈妈房间的时候，月月又说："您今天没给妈妈收拾房间吗？"奶奶停下脚步说："收拾了！上午就擦了一遍，你妈妈最近鼻炎犯了，最近灰尘大，多擦两遍，免得她鼻子吸进尘土不舒服。早上是用干布擦的，我现在兑了消毒液用潮湿的布再擦擦。你赶紧写作业，写不完，你妈妈回来训你，我可不管。"

当奶奶不知道为了什么在客厅里转了一圈又要离开的时候，月月说："您干吗呢？干吗自己转圈儿玩儿？"奶奶也觉得莫名其妙，回答说："我也想不起来干什么了，好像是要找什么东西，又忘得一干二净了。"

……

每天月月写作业的过程就是奶奶来回穿梭的过程。奶奶年纪大了，总是闲不下来，一会儿干这个，一会儿干那个，对小孙女的话又是言听计从，只要有前言一定回答后语。不管月月有没有在写作业，都是如此。有的时候明明二十分钟就可以完成的作业，月月要写上一个多小时。有的时候时间太长了，月月还会放下手里的笔，和奶奶一起从这个房间穿过客厅进入那个房间。当然每次妈妈回来问："今天作业写得怎么样呀？"月月都是骄傲地回答："非常好，都写完了。"然后高高兴兴地拿给妈妈看。而妈妈检查中总是会发现一堆问题，诸如什么生字的拼音抄错了，计算的数位对歪了，有的时候居然一道题就做了一半，后边没有写就给忘记了。为此，妈妈没少批评她，也给了她相应的惩罚。可是妈妈从来没有发现问题到底出在什么地方。

月月奶奶每天在她身边来回穿梭，不利于月月深入思考，即使作业中没有错误，也不代表是月月的最佳学习状态。如果长时间养成这样写作业的习惯，孩子的无效作业时间就会增加，因为她无法集中全部精力，大脑不在深入思考的状态，写作业也是只动笔，而没有动脑。这样的作业效果并不好。

建议月月的家人要做到如下几个方面：

第一，为孩子准备一个专门的学习场所。客厅是一个开放的空间，并不利于思想和精神的集中，月月应该在属于自己的学习空间学习，比如自己的卧室、家里的书房，这样的环境才利于孩子学习。并且在学习环境中，布置要单调，只保留和学习有关的内容。

第二，奶奶要尽量保持安静。孩子学习的过程不仅需要自己静下心来，也需要外在的环境安静，而奶奶的进进出出破坏了外在环境的安静。奶奶应该在孩子写作业前就处理好一切需要移动处理的事情，在孩子做作业的时候，家里人也保持相对静止的状态，避免孩子走神。

安静的学习环境才可以让孩子学得好，我们平时讲学习的时候一定要静下心来，这里的"静"是指人内心的静，只有静下来，注意力才会高度集中，才利于思考，头脑运转才会更快，思路也更为敏捷，也更容易获得学习的灵感，提高学习的效率。除此之外，外部也需要静，也就是学习环境需要安静，所以在很多学习的场合，都有"静"的标识，最重要的目的就是让在这里学习的人有一个安静的环境。只有做到内外兼静，学习者才可以在学习过程中，集中精力，不受干扰，保证学习的效率。

PART 5

养成六大习惯，
改变孩子的未来

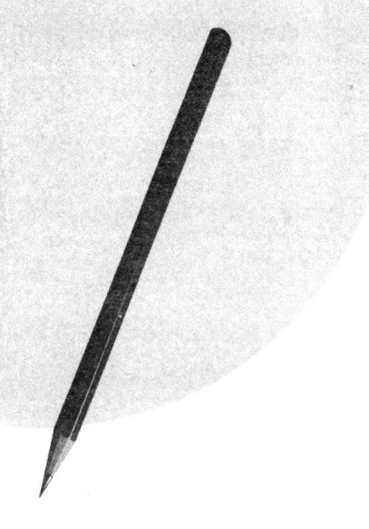

很多父母为了孩子可以倾其所有，更何况是简单地陪着孩子写作业的小事呢？"不养儿不知父母恩"，在养育后代的过程中，为人父、为人母的人才会真正感受到养育孩子的不容易。很可惜的是，因为是第一次为人父母，我们太过重视这份责任，对孩子过多地付出，反而害了他们。

5.1 写作业前提醒，保护好孩子的专注力

很多父母朋友和我谈起过孩子注意力不集中的现象，也想从我这里找到解决的路径和方法。他们说自己的孩子做事经常三心二意，比如一边做作业一边吃零食；或者做一会儿作业就跑去玩其他东西了，他们也一直在告诉孩子要专心，可是却苦恼找不到原因。

学习的过程是一个发现问题、解决问题、归纳提升的过程，也就是一个科学研究的过程。学习本身就是一门学问，而且是一个包罗万象的大学问。做好这门大学问，不可能一气呵成，它应该是螺旋上升的，遇到问题解决问题，然后才能有收获和提高。但是在这个过程中，要做好微小链条上的某一点，就需要高度专注，它需要每个学习者屏气凝神，高度集中精神。孩子在学习的过程中，总是处于精神游离状态，好动贪玩肯定是有问题的，但到底是什么原因造成孩子这样的呢？

婉儿是一名四年级的学生，用班主任的话来形容："孩子也不笨，就是小动作太多，一根头发都能玩一节课。"因为这样的学习习惯，孩子的成绩也是马马虎虎，忽上忽下。

每天陪着婉儿写作业的大部分时间是妈妈。婉儿从小就是长发，因为

她爱玩头发，所以很早以前妈妈就让她把头发别到脑后，这样没得玩了总可以专心地写作业了吧？妈妈的想法也是过于美好了。

婉儿的父母都是高度近视，所以他们最怕孩子也早早地戴上小眼镜，孩子写字的姿势一直是他们关注的。

但是婉儿的坐姿并不好，后背挺不起来，总是不自觉地就低下了头。"婉儿，把头抬高，注意眼睛。"从小学一年级开始，妈妈每天不知道要重复多少遍这句话，但是婉儿的头还是一点点地垂了下去。一升入四年级，婉儿就戴上了二百度的近视眼镜，对此妈妈一直很自责，认为自己没有照顾好孩子，所以每天陪婉儿做作业时，就更加关注婉儿的坐姿了。

"婉儿，把头抬高！"有的时候，婉儿正在思考一道题，妈妈一说这句话，婉儿的身体就会不由自主地打个激灵。婉儿想这道题想了很久，全部精神都集中在题目中，已经忘了旁边还坐着妈妈。有很多时候，当我们痴迷于一件事情时，会完全达到忘我的状态，这也是在精神高度集中的情况下才会出现的。也只有这个状态，孩子的学习效率才是最高的，是完全自我思考、自我提升的过程。

婉儿被妈妈的一句"把头抬高"打断了思路。她激灵一下用迷离的眼神看看妈妈，不明白妈妈在做什么，似乎在追寻妈妈的答案。妈妈再一次补充："把头抬高，你刚上四年级眼睛就二百度近视了。"婉儿听懂了妈妈的话，点点头，可是低头一看作业，刚才想的都忘掉了。婉儿眨着大眼睛，试图让自己再次进入刚才的状态，但是却怎么也找不到那个劲头了，她只好重新开始思考。

　　妈妈不仅嘴巴上会提醒婉儿把头抬高，动作上更是频繁。当妈妈发现婉儿的头刚刚低下一点点，就立刻伸过手托着婉儿的前额，就像一个固定的视力矫正器，要这样托着几分钟才肯放开。婉儿的大额头整个被妈妈的掌心托着，同时妈妈的胳臂也挡住了婉儿的视线，婉儿不得不把头略微侧过去一点，用斜线的角度看着书本。妈妈的手心是温暖的，舒服得让婉儿已经忘记自己在干吗。

　　婉儿写作业的思路就这样一次次被妈妈"把头抬高"的警告和爱心的手掌给打断。慢慢地，婉儿也不愿意专注地去想问题了，反而妈妈和她说"把头抬高"的时候，她就把头抬高，也会和妈妈回应一句"知道了，否则就该两千度了"，然后漫不经心地继续写作业。

　　婉儿妈妈也许并不知道，环境是分散孩子注意力的关键原因之一。孩子就像一个没有长熟的葫芦，你给她套上什么样的模具，她就会按照什么样的形状生长。因为妈妈不停地分散婉儿的注意力，让婉儿在注意力形成的过程中，不能做到长时间的集中，那么她今后集中注意力的时间也会短于其他同龄的孩子。

　　不同年龄段的孩子，注意力集中时间是不一样的：

　　三岁以前，孩子的注意力都是分散的，很容易被外界的东西吸引，父母能做的就是尽量去培养孩子的专注力。你需要和孩子一起做他感兴趣的事儿，因为这时候才是培养孩子注意力最好的时间。

　　三到四岁是幼儿早期，这时候孩子可以将注意力集中于某一个对象上，但这需要一定的引导，孩子会根据需要调节自己的心理活动和注意力。

但是他们的注意力持续的时间不长，稳定性差。有研究表明，就是在教育条件特别好的情况下，孩子的注意力集中时间也只有三到五分钟，而且他们的注意范围小，分配和转移能力差，所以老师在课堂上都是抓紧时间讲重点内容，然后才用接下来的时间让孩子自由活动。

四到五岁是幼儿中期，这一阶段的孩子生理发育进一步成熟，知识经验不断增加，尤其是语言的发展，这就为孩子的有意注意提供了条件。在良好的教育下，孩子的注意力集中时间会达到十分钟左右，进步是不是很巨大？

五到六岁是幼儿后期，这一阶段的孩子注意力进一步发展，如果条件适宜，孩子的注意力集中时间会达到十到十五分钟，注意力的范围不断扩大，稳定性增强。

七到十岁的孩子已经开始进入最初的学习阶段，这个时期的孩子的注意力相对比较集中。如果条件适宜，他们的注意力集中时间达到二十到三十分钟，但是稳定性不强，很容易受到周边环境的影响。因此，父母在陪孩子学习的时候，与其在旁边唠叨式地辅导和说教，不如为他营造一个安静的学习环境。

第一，看电视、听广播、听音乐、和邻居聊天，甚至夫妻间拌嘴、吵架等行为都应该尽量避免。

第二，当孩子不能专心学习的时候，我们也不要在一旁唠叨，而是要用简练的语言指正他的行为。

第三，如果他学习的时间过长，我们可以适当让孩子放松一下，劳逸结合才可以让孩子的学习效率更高。孩子的大脑得到休息，才可以更好地学习。

当孩子学习的时候，我们不妨拿一本书坐在他的身边和他一起学习。尤其是对年龄小的孩子，这种方法非常利于他们养成专心致志学习的习惯。同时，我们还能在孩子面前树立一个好榜样。值得注意的是，我们手里拿的一定是书，不是报纸、杂志，因为在孩子看来，看报纸、杂志不是学习，而是消遣。

5.2 在糟糕的错误中看到优点，帮孩子"以己之长，克己之短"

我小时候非常喜欢看一部叫作《回声》的动画片，讲的是一只小兔子来到山里，当它说话不客气的时候，大山那边的人说话也不客气；当它有礼貌地说话时，对方说话也有礼貌了。这个故事告诉我们的道理是父母给孩子种下善良的种子，就会收获善良；父母给孩子种下自信的种子，收获的就是自信。

有一句话在教育界被很多人推崇——好孩子是夸出来的，相信很多父母都知道。但是能够正确夸孩子的父母并不多，而被父母夸出来的好孩子就更少了。父母都懂得赞美，但是这种赞美往往都给了别人家的孩子。父母与自己的孩子朝夕相处，就更容易发现自己孩子身上的缺点，而忽略了他们的优点。

有一天，一位家长找到我，说她的孩子太糟糕了，一直向我哭诉。两个小时之后，我开始说话："你难道没有发现自己孩子的优点吗？"她支支吾吾地说："优点肯定有，但是不像其他小朋友那么突出。"我微微一笑，帮她分析。

第一，她很有责任心。她有一个和她相差一岁的弟弟，尽管自己还不到七岁，但是在家里已经是一位小大人了。妈妈工作的时候，会把姐弟俩一起放在公司的休息间，姐姐就陪着弟弟一起玩儿，这期间她要带着弟弟上卫生间，给弟弟喝水，还要呵斥弟弟的错误行为。当弟弟把书弄到地上的时候，姐姐就要求弟弟把书捡起来，并且会学着妈妈的口气叮嘱一句：书是用来看的，不是扔的。这是多么有责任心的小姐姐呀！责任心是一个人成功的基石。

第二，她善于管理。每次姐姐单独照顾弟弟的时候，一个小时也好，几十分钟也好，要想让弟弟安静地服从指挥，姐姐必须使用一定的策略，比如她会对弟弟说："如果你听话，我对妈妈说你很乖，妈妈就会奖励你果冻。"小姐姐为了让弟弟服从她的指挥，会把妈妈这个幕后的力量搬出来，帮助她。当弟弟烦躁的时候，她会假装自己在非常神秘地画东西，并且挡住不让弟弟看，当弟弟表现出十分想看的时候，她就说："你要想看，就必须安静，我就给你看。"小姐姐懂得通过有目标地提出要求来管理弟弟。

第三，她很有上进心。这位妈妈说姐姐的作业错得特别多，每次看到她做错了，都会惩罚她再做一组。每次妈妈罚她的时候，她一句都不吭，就在那里用心做题，做完了就会跟妈妈说："妈妈，我错了。如果我还错，您就再罚我写一组吧。"一个孩子能够意识到自己学习中的错误，也许仅仅是表面的，但是她愿意为此承担后果，说明她有一颗上进的心。

……

我根据这位妈妈两个小时的哭诉，找出了孩子七八条优点。我反问妈妈："孩子真的没有优点吗？"

显然不是的，是妈妈没有去发现孩子身上的优点。父母能客观地评价自己的孩子是一件非常重要的事情，父母通过孩子的言行分析、提炼出孩子的品行特点，这样才可以让我们找到孩子的优势。俗语说"四两拨千斤"，我们要放大孩子的优点，用优点帮助孩子克服身上的缺点，才可以做到"以己之长，克己之短"。

小硕是一名四年级的学生，很聪明，但也是一个淘气的小家伙，在学校总是喜欢挑起争斗，当然课堂听讲也是一个大问题。班主任的课还能安静一点，换成其他老师的课，他就愈发肆无忌惮了，所以在学校没少挨老师的训斥。也因此，个子高高的他却被安排在前排听讲，这样老师在教室门外就可以看到他。班主任老师为了他，即使不是自己的课，也会到教室门口看上几次。

小硕的爸爸妈妈工作都很忙，但是为了儿子，夫妻两人都会尽量抽出时间陪孩子，每天都会保证有一个人七点前到家，陪着小硕做作业。

一天，小硕又在学校惹了祸。班主任给小硕爸爸打了电话，爸爸回到家看到小硕正在看电视，就大吼一声："关了！"小硕自知理亏，再看看爸爸铁青的脸，快速地关了电视，溜回房间写作业。小硕装作很认真的样子，手里拿着笔，一个字一个字地读着题，也许是精神太集中了，没有几秒钟小硕的内心就真的安静下来了，真的用心思考起了问题。自己还一边想一边嘟哝"几分钟可以追上呢"，他反复嘟哝了几遍，目光落在了"追"上，脑子里顿时想到了老师讲的追击公式，再深入分析问题，路程、速度都一目了然了，他立刻动笔在本上写出答案，当然字依然是七扭八歪的。

接着他继续想第二道题。也许是有了做第一道题获得成功的快乐，第二道题他做得很顺利，进而继续做第三题、第四题，一口气就做了六道题，这对于小硕来说可是不小的进步呀！平时一道题他都是连蒙带猜地做，六道数学题下来会让他脑袋僵硬的。可今天不知道是因为上课用心听了，还是因为知道自己已经犯了错误，就格外地用心。正当小硕做第七道题的时候，爸爸开门进来了，说："好好写！"小硕正在为自己今天做题做得快而感到荣耀，他觉得爸爸今天一定会表扬自己做得又快又对。想到这里，他不由得心里美开了花。小硕能感觉到爸爸熟悉的体温，他的内心突然变得暖暖的。身材高大的爸爸弯下腰，想看看小硕做得怎么样，可是小硕等到的不是表扬，而是又一声怒吼："你这写的什么呀？乱七八糟，鬼画符吗？"小硕看看作业，又扭头看看爸爸的脸，他没有得到自己想要的赞美。

爸爸继续说："看你写的破字，有谁会认识，给我擦了重新写！"小硕内心委屈极了，他真的不想擦，今天的作业他自己觉得是最好的一次，因为平时六道题都会有一两道因为不会而空着等待父母讲给他听，而今天所有的题都是他自己做的，而且他觉得非常正确，因为他是按照老师的方法做的，这是他认真听讲的结果。可是他没有得到一句赞扬，他内心失落极了，但是他不敢违抗爸爸的命令，还是一点点地擦掉了。"看你写的破字！"爸爸还在怒气中重复着这句话。小硕的字一向不好，可是今天他已经努力把字写得端正了很多，但是爸爸似乎并没有发现。

建立一座高楼需要付出千辛万苦的努力，但是摧毁一座高楼只需瞬间。

小硕犯了错误，确实让父母内心不舒服，但是作为父母，不仅需要制造情绪，还需要过滤情绪，在孩子的面前我们是他们的榜样，是他们最为信赖的人。面对孩子，父母需要时刻保持理性，将不良的情绪过滤掉，整理好自己的情绪，才能像大山一样保护着孩子。因为不好的情绪，无法让父母做出正确的判断，我相信爸爸只要心平气和，一定可以发现小硕的用心，也许就是这么一次发现，孩子就可以上一个台阶。

父母要学会赏识孩子，孩子才可以变得有自信。面对小硕，父母这个时候最需要做的事情是：

第一，赞美孩子。当我们发现孩子的点滴进步，要及时给予孩子肯定、赞美，赞美可以让孩子拥有成就感。拥有了成就感，孩子可以找到自己的人生价值。人一旦有了价值，就会激发自己的二次进步、三次进步。一件事的成功有时候就在一瞬间，这一瞬间就是人获得成就感的瞬间。

第二，不要用挖苦、讽刺的词语。"好话一句三春暖，恶语一句六月寒"，同样的一件事，如果我们挖苦就会摧毁人的心灵，如果我们表扬就会建设人的品行。面对孩子，父母更要率先垂范，哪怕孩子确实存在问题，也要客观地指出而不要讽刺。比如小硕的字确实很难看，爸爸可以说："我觉得你的字不够漂亮，如果再改正一下书写，会更好。"合理的建议可以帮助孩子成长，谴责只会让孩子失去信心。

第三，冷静思考，找到孩子的优点。就如小硕自己感受的，今天他的作业已经使出了九牛二虎之力，我相信小硕的爸爸静下心来是可以发现这一点的。

　　看到对方的缺点很容易，发现别人的优点并不简单。父母有责任随时去发现自己孩子的优点，让他们充满自信，才能在未来拥有健全的人格。

5.3 冷静面对成绩，培养孩子的逆商 [①]

我们可以数出人有多少根头发，可以计算出从地球到月球的距离，可以预测到若干年后的气候，但是我们无法统计出一个人一生会犯多少错误。我们一生都在做"对"的事情和"错"的事情，所以做错了事不算什么，改正了继续去做对的事情就好了。这个道理很多人都懂，但是落实到实际，我们往往会迷失方向，特别是在教育孩子的问题上，很多父母都是当局者迷。

格格是一名六年级的学生，小姑娘长得很清秀，戴了一副红边的眼镜，透出一副睿智的样子。她的成绩一直非常优异，小学六年基本都保持在班里的前三名，还有半学期就要升入初中了，妈妈希望她再加把劲，可以进入最优秀的中学学习，所以全家人的工作重点都在格格身上。

格格的爸爸是电脑高手，负责在网络上给格格搜罗学习素材，什么英语、数学、阅读，只要和格格升初中有关系的，他每天都是见了什么好

---

① 逆商 (Adversity Quotient，简称 AQ) 全称逆境商数，一般被译为挫折商或逆境商。它是指人们面对逆境时的反应方式，即面对挫折、摆脱困境和超越困难的能力。

的就疯狂下载，妈妈负责筛选。妈妈是名会计，做事认真、严谨，她会把所有的材料分门别类，哪个是要求背的，哪个是要求练的，都做好标签，依次放在女儿的案头。

每天除了上学，格格还要参加很多补习班，小姑娘已经习惯了这样以学习为最中心的生活，而且学习对于她来说不仅可以获得老师的表扬、同学的赞美、邻居的夸奖、亲友的称赞，她还为此感到非常幸福。所以无论妈妈给她的功课安排得多满，她都无怨无悔，即使有空闲的时间，她也喜欢捧本书看，绝对不和小朋友在外边疯跑疯闹。

格格的家庭作业基本都在学校完成了，回家就是写妈妈整理的作业。她的学习自觉性很高，从来不用爸爸、妈妈陪在一边，但是妈妈觉得陪伴女儿温习功课是世界上最幸福的事情，所以只要没有特殊情况，都会陪着女儿一起学习，女儿做题，妈妈给批改；女儿背书，妈妈给检查。

一天数学课堂测试，格格不知道怎么了，突然失去了"保险丝"，错了好几道题，得了81分。这个成绩是从来没有过的，格格当时就哭了。老师安慰她说："没关系的，我们每个人都有不在状态的时候，找出原因，下次你还会是最优秀的。"晚上，格格不愿意把卷子给妈妈看，但是需要家长签名，直到最后要休息的前几分钟，她才极不情愿地把卷子拿出来，当妈妈看到这个成绩时，眼睛睁大了无数倍。

妈妈有些慌乱，但是没有立刻责怪格格，这让格格心里还好受点。妈妈拿着卷子，仔仔细细地看着格格的每一处错误。其中有一道格格做错的题,妈妈清楚地记得带着格格做过,而且并不难。妈妈神情凝重地说:"这道题,你怎么又错了?"妈妈的声音不高,但是却有着很强的力度,格格坐在椅子上一动不动,她使劲咬着下嘴唇,不吭声。妈妈继续说:"你说呀,你怎么又错了。这么简单的题你都出现错误,怎么考初中?这是不该有的错误呀。"格格努力地控制着自己的眼泪不让它掉下来。妈妈的目光都在卷子上,没有发现格格的神情变化,继续说:"这样的错误不应该有,昨天你练习的时候,就出现了这样的低级错误,今天你又错了!你给我解释吧,是不是心飞了?"格格手里攥着的笔都快扎到自己的肉里了,她努力控制着眼泪,努力控制着情绪,她也问过自己了,怎么会错呢?她已经告诉自己了,这样的错误绝对不可以再出现;她也叮嘱过自己,如果要是再有这样的错误,就罚自己做一百遍,一千遍。

妈妈的心被这个81分刺痛着,她的注意力与其说在题目上,不如说在分数上,妈妈没有抬头看自责的女儿。受到刺激的妈妈已经失去了以往的冷静和沉着,也失去了以往的细腻与缜密。妈妈像祥林嫂一样喋喋不休,似乎在问女儿,又似乎在问自己。

只要是考试就会有成绩,没有一个人可以保证自己一生考的都是满分。只要是人孰能无过,有了错误没有关系,分析出问题所在,改正了,下一次就是对的了。

格格因为一直很优秀,所以父母很难接受这样一个糟糕的分数。在以往的生活中,从父母到孩子,他们都没有取得糟糕成绩的内心建设,所以当他们看到不理想的成绩时，都会不知所措。因为没有预设，就没有沉着的应对方案，所以在生活中，越是学习优秀的孩子心理就越脆弱。所以当挫折出现在他们面前的时候，他们不知道该如何去战胜。我们经常说"不经历风雨怎么能够见到彩虹"，经历过更多困难的人，才会知道获得的不易，也才会更加珍惜这个结果。

父母过于谨小慎微地保护自己的孩子，对孩子来说是最大的伤害。在孩子的成长过程中，应该有鲜花同样也应该有冰霜。许多到达光辉顶点的人往往不是最聪明的，而是那些在生活中遭受过挫折的人。这是因为那些自认为聪明的人，往往会选择走一些所谓的"捷径"，这些"捷径"往往会丧失一些非常有意义的锻炼机会；而那些生活在逆境中的人，才能更深刻地理解什么叫成功。

在陪伴孩子写作业的过程中，面对孩子的错误，父母需要怎么做呢？

第一，坦然接受。孩子经历挫折未必是坏事。对学生而言，当其遭受挫折时，更容易激发他们的潜能。越不容易找到答案，就越能激发学生的潜能和探究精神，从而进行研究性学习，切实掌握知识。而且经历挫折，可以帮助孩子压住骄傲的情绪。现代社会是充满挑战的，在这样的社会中，如果学生没有遭受挫折的洗礼，没有正确对待挫折的意识，就好像是温室里的"花朵"，不可能很好地适应社会。

第二，保持安静。往往学习成绩优异的孩子，对自己的要求也会比较苛刻。他们的分析能力、总结能力往往比别的孩子略胜一筹，他们会自己在问题中找到病因，父母的任何一句话都会显得很多余。格格妈妈拿到孩子卷子的时候，只需签上名，告诉孩子早点休息就足够了。

　　第三，默默观察。如果发现自己的孩子出现了成绩下滑的情况，父母要默默观察孩子，分析成绩下滑的真实原因。如果是偶然的失误，交给孩子自己处理就可以；如果是其他原因，要从孩子的言行中发现孩子的变化，借助事实与孩子沟通，找到解决的方法即可。

5.4 鼓励不等于奖励，不要用物质诱惑阻挡了孩子责任心的建立

父母是孩子的监护人，法律赋予了父母必须毫无条件地照顾、培养、教育孩子的责任。家庭是一个社会的最小细胞，父母不仅要承担起照顾孩子的责任，更要承担社会义务。正是父母这样的双重使命，才让很多人感觉到做父母的不容易，做上学娃的父母更不容易。

面对那些陪孩子写作业的父母，我真的能感受到他们的不容易！为了让孩子能够顺利地完成作业，想尽了办法。有的父母用"狮吼功"，有的父母用温情感染，有的父母牺牲自我放弃工作，有的父母用甜言蜜语、物质诱惑……总之，只要能让孩子好好地写作业，一切办法都用上了！

我们说"黑猫白猫抓住耗子就是好猫"，但是这句话并不适用于督促孩子写作业这个问题。对于监督、辅导孩子写作业这个问题，不是所有有效的方法都是正确的。

凌志是一名三年级的小朋友，平时爸爸、妈妈工作都很忙，所以没太多时间管他。凌志很聪明，但比较贪玩，缺乏上进心，做什么事情都是求差不多就行，而且无论老师怎么批评教育，都觉得无所谓。他劝告自己："老师不找学生的毛病，还是老师吗？让他说去吧。"爸爸、妈妈自己的

事情还忙不过来，又觉得孩子还小，只要身体好，不生病，少考两分也没关系。

但是负责任的班主任总是不"放过"凌志的父母，孩子作业没写完要"警告"，孩子作业错误多了要"警告"，孩子作业写得乱七八糟了要"警告"！面对老师没完没了的警告，凌志的妈妈也是苦不堪言，所以不得不抽出时间来陪着凌志做作业。

以前没人管的凌志，对于妈妈突然出现在自己身边陪伴写作业这件事很不习惯，总是调皮地和妈妈东扯西扯："妈妈，您去工作吧，我肯定完成作业。""妈妈，我的好妈妈，辛苦一天了还要看着我，您去休息吧！"……凌志妈妈被他搅和得头昏脑涨，一向举止优雅的妈妈也怒火中烧，不停地压制、训斥他，但是这些对于"鬼精灵"凌志来说一点作用都没有。

最后妈妈想到，公司员工都是见到奖金就埋头工作，也许同样的办法对凌志也奏效。于是，妈妈很郑重地和凌志谈判："凌志，你只要在一小时内完成作业，我就奖励你十元钱。如果作业得了'良'再奖励五元，如果作业得了'优秀'再奖励十元。如果老师因为作业给我打电话，就一次罚二十元；要是老师因为作业找我，一次罚五十元。"凌志一听说写作业可以有钱拿，别提多高兴了，一连串地答应妈妈的条件。

最后双方达成协议，列出条款，打印、签字，并且贴在了凌志的书桌前。

这一天，凌志写作业的时候果然没让妈妈费一句话，每一个字都写得极为认真，就连每次写作业要来回上厕所都忘掉了，一直坐在小书桌前，一动不动，聚精会神地写作业。遇到不会的题，自己也不会嚷嚷着让妈妈过来，而是自己耐心地思考。不仅写的作业如此，读书的作业也是逐项落实，一点不弄虚作假。陪在旁边的妈妈为自己终于找到了解决方案而深深地出了一口气。看来金钱可以解决一切问题，哪怕是难缠的写作业问题。

这一天，凌志顺利地拿到了十元钱奖金，自己左看右看，美得不得了，晚上睡觉的时候还谨小慎微地把钱藏在了一个很隐蔽的地方。第二天一早，没让妈妈叫，他就从床上爬了起来，主动去上学了。这一天他的作业第一次得了"优"，他盘算着自己又有十元钱的奖金了，所以一放学他就钻进了学校不远处的小卖铺，好好挥霍了一次。

因为有了金钱的诱惑，凌志到家就开始写作业，一点不用妈妈操心，他的小钱包也越来越鼓，他每天还是会在放学的时候买各种东西，比如小玩具、小食品、简易的文具……可是过了一段时间，凌志实在想不起来自己还可以买什么了，小钱包里的钱还是鼓鼓的，他对于写作业的热情也降低了很多。

妈妈看到凌志的作业又开始凌乱了，不会写的题空了一片，妈妈警告他说："凌志呀，你这样的作业可得不到奖金呀！"而凌志表现出无所谓的样子，漫不经心地说："得不到就得不到，有什么大不了的。"然后还故意写上一个很难看的字，似乎在和妈妈赌气。妈妈觉得自己的提示还不够，又追了一句："那妈妈的奖金可省下了，太好了！"凌志毫不示弱地说："那就留给你自己吧，反正我还有好多奖金。"这一刻妈妈哑口无言，不知道该怎么办了。

金钱是万能的吗？至少在教育孩子的问题上不是。完成作业是一个学生最基本的职责，孩子不写作业就是不尽职。为避免因为孩子影响自己正常的工作，干扰自己的生活安排，就采用金钱的手段解决问题，而不积极地帮助孩子改正错误，试问，父母要用这样的方式传递给孩子什么样的思想呢？金钱可以迷惑一个成年人的判断，让一个正直的人走上歧途，同样金钱可以彻底扭曲一个孩子的价值观，让他觉得学习就是挣钱，而不是提升自己的必需的过程，不是一个人蜕变的必有经历，不是一个人品行建立的不可逾越的过程。如果孩子的学习价值可以用金钱来衡量，那么学习本身也就变了味道。

对于孩子作业的奖励问题，父母必须有正确的立场：

第一，作业是孩子必须承担的任务。孩子完成作业就如同工人要完成工作，司机要驾驶汽车一样，这是他必须承担的责任，没有什么商量的必要。

第二，鼓励不等于奖励。孩子在成长的过程中，需要父母不停地鼓励来树立他的自信心，帮助他找到人生的方向，会鼓励的父母才会让孩子有克服一切困难的勇气。但是鼓励不等于奖励，孩子经过一段时间的努力获得的成绩，父母可以和孩子约定物质上的奖励，但这仅仅是对孩子的肯定，目的是激励他更努力，这种奖励是有效的。但对于孩子必须要承担的学习任务，就不可以给予奖励，比如按时上学这是他应该履行的职责，不准时是错误的，准时是应该的。

第三，任何鼓励都不可以用金钱来体现。很多父母习惯在鼓励孩子的时候，承诺给予金钱。这种方法不可取，会渗透给孩子错误的价值观，就是做任何事情都可以用金钱衡量，久而久之，就会让孩子有错误的金钱观，影响孩子一生。

奖励可以围绕孩子的兴趣、学习需要进行，比如孩子特别想得到某一本书，可以约定，孩子如果取得了什么样的进步可以奖励给他，这是对他付出的一个肯定。再比如，如果孩子喜欢画画，就可以奖励孩子一套必备的水笔，这样就可以充分发挥奖品的作用了，也可以激发孩子在自己的兴趣上更加努力。

5.5 重视孩子的自我管理，让孩子摆脱磨蹭的坏习惯

"磨蹭"这个词出现在百分之九十以上向我咨询孩子问题的父母的口中，一提到写作业，父母会脱口而出"磨蹭"这个词，"磨蹭"的意思为：缓慢地向前行进，比喻做事动作迟缓。从字面上可以这样理解孩子写作业磨蹭：作业是会去做的，只是速度很慢。但是父母们是否想过，孩子为什么写作业磨蹭呢？是什么让他们做作业磨蹭呢？写作业磨蹭可以让他们获得什么呢？

晶晶是一名六年级的学生，小学六年没有得到过太多的荣誉，甚至于表扬都很少，她不大爱说话，也不大爱运动，平时同学们玩的时候，她就跟在大家屁股后边，既不主动参与也不逃避。说到学习，老师头疼，父母也头疼，她的成绩始终稳定在平均分之下。

晶晶的妈妈为了可以更好地辅导晶晶学习，辞了工作。老师经常在放学后给晶晶补课，所以晶晶经常比别的同学晚离开学校。当她走出教室的时候，整个教学楼除了几个补课的学生和老师，其他同学都不在学校了。热闹的楼道此时寂静得似乎连针掉在地上都听得到。但是，此时从教室到学校大门口的这几十米路程，让晶晶感到无比自由和快乐。

隔着学校的大门，晶晶可以看到已经在校门口等了很久的妈妈。妈妈和晶晶一样孤孤单单，旁边没有一个人。晶晶的个子比妈妈还高出半头，但是妈妈还是第一时间就帮晶晶拿过了书包，背在自己身上。妈妈问晶晶："今天老师给补了什么？作业是什么？今天你学得怎么样？"妈妈也不等她回答就问出了一大串的问题，可是晶晶一个也没有回答，只是自顾自地往家里走。她也不知道为什么自己不回答，就是不想说，一个字都不想再提学校的事情。

回到家，晶晶主动进了自己的房间，打开书包准备写作业。这个时间距离她离开学校补习不过二十来分钟，她一个字都不想写。不打开书包，妈妈会嘟囔个没完没了；打开书包，至少就可以让妈妈闭嘴了。她把本子打开，把书打开，书已经很老实地待在那里了。可是她对书并不满意，向前探着身子，整个身体都快贴在桌面上了，两只手相互配合，沿着两页书的中间位置，使劲地用手背来回蹭了又蹭，似乎把书上的字蹭掉才好呢。书已经非常平顺地铺在桌子上了，她又对本子不满意了，翻翻前边，看看后边，不知道在研究什么。妈妈听到了熟悉的翻书翻本的声音，不耐烦地说："你在磨蹭什么，还不赶紧写，一会儿你爸爸看到了又要说你了。"

这句话也许对晶晶起了作用，她不再对书和本施加"重刑"，终于拿起笔来，但是笔似乎又打扰了她写作业。她紧紧地盯着笔尖，似乎觉得笔尖不在了，或者发生了什么奇异的变化，她把笔放在鼻头正前方，就像自己戴了一个放大镜，转动着笔杆研究笔的变化。此时距离晶晶坐下开始写作业已经过去了五分钟。善于观察的妈妈没有听到应该有的动静，就跑到晶晶的房间，更加不耐烦地说："你在磨蹭什么，怎么还不写呀？赶紧写成不成呀？每天都要催，你真要人命呀！"

晶晶也不反驳，慢慢地抬起头，斜着眼睛看着妈妈，然后又用了好几秒钟才回过头，这回一切似乎都预备好了，晶晶开始写字。刚写了两个字，晶晶就被书上的一个"中"字吸引，她用笔沿着中字"口"的轮廓描了描，然后又把"口"一笔一笔地涂满，最后又使劲地涂了若干次，才罢休。同时，她又发现了一个"驴"字，里边同样有一个可以填满黑色颜料的地方，她依法把这个空填得满满的。她又在寻找下一个惩罚的对象。这时，妈妈又站在了她的背后："你磨蹭什么呀，这都几点了，你才写几个字呀！我的活祖宗。"这时距离晶晶开始写作业已经过去了十分钟。

妈妈这回不再离开晶晶了，而是搬了一把椅子就坐在她旁边，她不能再给生字"上刑"了，不得不真正地开始写作业。但是她没有兴趣，她感觉自己看到的每一个题都是一样的，看到的每一个字也都是一样的，都是同样的面目狰狞。连续写了几个字后，晶晶感觉不舒服，和妈妈说："我要上厕所。"没等妈妈同意，她就起身去了卫生间。晶晶这一去就是好久，妈妈气愤地说："你在卫生间磨蹭什么？是要住在卫生间吗？"这时距离晶晶开始写作业已经过去差不多三十分钟了。

……

就如晶晶妈妈常说的："我总不能把你绑在椅子上吧！"即使妈妈把晶晶绑在椅子上又能怎样呢？晶晶写作业的速度就可以加快了吗？她就

可以不磨蹭了吗？似乎不会。问题是晶晶为什么磨蹭呢？

第一，因为无望才会磨蹭。在学校，晶晶已经学习了一天，而且比别的同学学习时间还要长，写的作业还要多，可是得到的表扬却比别的同学少得多。对于她来说，补习也好，写作业也好，都是因为她成绩太差了。所以写作业对她来说就是给自己盖上一个"我很差"的章。面对这样一个不光彩的标签，谁愿意承认呢？面对老师的补习，晶晶无法反抗，面对老师布置的作业，她也无法逃避，她所能做的就是尽量地拖延时间，让自己得到一丝安慰。

第二，因为疲劳才会磨蹭。每个人的身体承受能力都是有极限的，孩子们一天在学校要上很多节课，写很多的作业，大脑也会有容量满的时候。而从学校到家晶晶没有休息的时间，她只能自己给自己安排一点点的娱乐时间。

第三，学习成绩不理想才会磨蹭。在无数的教学案例中，我们都可以发现，百分之九十写作业快的同学都是成绩比较优异的，他们对自己有信心，而且学习让他们获得了荣誉，所以他们对写作业表现出积极主动的态度。大部分的优秀学生都可以在学校写完作业，并认为这是最简单的事情。而学习成绩差的学生，写作业就会磨蹭拖拉，原因是他们对知识把握不准，怕同学笑话、老师批评、父母训斥。所以面对作业的时候，他们能拖延就拖延，那是为了保护自己的自尊心。有的学生甚至用磨蹭的手段来获取优秀生的辅导，以此缩短做作业的时间，还有个别同学，通过磨蹭获取到优秀生的作业，直接抄答案。

第四，对作业没有兴趣。枯燥乏味的作业，也是学生采取磨蹭手段的原因。学生每天就是上课、写作业，这样的生活让他们觉得很没有意思，特别是写作业，很多内容都反复呈现，缺少新意，但是又不得不完成，所以他们就采取磨蹭的方法表示反抗。

第五，缺乏自我安排能力。很多孩子不仅写作业磨蹭，吃饭、看电视、洗脸等所有的事情都会磨蹭，一般来说这样的孩子，都是被父母细心照顾的孩子，对于他们来说做什么事都不是自己的事，而是父母的事情，他们缺乏责任心，没有时间概念。

第六，自由支配的时间过少。很多孩子采取磨蹭的手段，是因为父母给孩子安排了过满的任务，让他一个任务跟着一个任务地完成，他们只有通过磨蹭来获取属于自己的时间。

无论是什么原因造成孩子磨蹭的结果，根本原因都是父母的教育方式有问题。

首先，我们可以和孩子做个约定。约定好写作业的内容、时间，父母不要轻易更改，要给予他们自己管理自己的权利，尊重孩子才可以让孩子快速地成长。

其次，给孩子的磨蹭做"减肥"。孩子磨蹭的习惯一旦养成，改变就是一件很难的事情。父母要做一个有心人，观察孩子都在哪些方面浪费了时间，每次写作业前后就要和孩子约定好在那些方面不可以浪费时间，如果浪费了就要有相应的惩罚。每次写完作业要对照事先的约定逐一落实，严格要求才可以改变孩子的缺点。

再次，提供一个简单的学习环境。磨蹭的孩子大多数容易做小动作、玩东西，所以孩子的学习环境就要尽量简单，和学习无关的东西都要收起来，不要干扰和分散学生的注意力。

之后，获得老师的帮助。有很多孩子仅仅在家里磨蹭，在学校的效率很高，如果有这样的孩子就要和老师取得联系，形成教育合力，学会借助老师的权威改变孩子的习惯。

最后，改变教育观念。据统计，很多磨蹭的孩子都是在家庭教育中得到过多关注的孩子，因为他们获得的关注多、关心多，所以做什么事情都缺乏担当意识，缺乏上进心。如果家里有一个爱磨蹭的孩子，父母就需要反思是否是自己的教育观念存在问题。

5.6　在跑跑跳跳中让作业动起来，参与和鼓励孩子的探索精神

　　"赶紧写作业，写完了去姥姥家。""回家先写作业，再玩。""作业写完了吗？写完睡觉。"我随意抽取了一些父母经常和孩子说的话，很多时候，父母们都没有注意到，我们已经在无形中把作业和孩子一天的生活结合在了一起，似乎写作业是衡量一个孩子好坏的唯一标准。以至于很多时候，孩子们已经把学习和写作业混为一谈了，认为学习就是写作业，写作业就是学习，事实真是如此吗？

　　小辉是一名六年级的学生，聪明、爱思考，不仅语数外成绩好，音乐、美术、体育也样样优秀，特别是篮球打得超级棒，是学校校队的重要队员，一到六年级他一直是班上的班长。写作业对于他来说似乎就是一件超简单的事情，每天的作业刚布置完，他就能很快地把作业做完。

　　当然，放学后的时间也不都属于小辉。妈妈给他报了钢琴课、奥数课、阅读课、英语课，还有他自己要求上的篮球课、乒乓球课，所以小辉每天的安排都是满满的。别的小朋友的书包都是鼓鼓的、重重的，唯独他的书包，简直不像学生的，里边看不到几本教科书、作业本，都是英文小说、篮球明星的图片。

有一天，小辉忙完了所有课内、课外的作业，却一直待在自己的房间里没出来。爸爸觉得很奇怪，就推开门问小辉："你在干吗？"小辉头也不抬地回答："写作业。"爸爸怕打扰了孩子，没有出声就退了出去。过了好久小辉还是没出来，爸爸再一次推开门，问小辉："你在干吗？"小辉说："写作业呀！""什么作业，怎么还没有写完？"爸爸不解地问。

这时，小辉举起了一个铁片。爸爸的好奇心一下子被激发出来了，看着这个坑坑洼洼的圆形小铁片，爸爸感觉有点眼熟，但是又想不起来是什么？"这是什么？"爸爸问。

"这是酒瓶盖呀！"小辉用手指了指桌子，爸爸才发现桌子上还有好几个这样的小铁片。爸爸拿起一个，左右翻看着说："这是老师留的作业？"

"是，也不是。"小辉想了想，继续说，"今天我们上数学课，继续学习圆的面积。其中有一道题，就是关于这个酒瓶盖的。当时我觉得老师的推导有问题，放学的时候，我就捡了几个酒瓶盖，刚才用了好些力气，才把它们弄平。"说到这里小辉的兴致更高了，"爸，你知道吗，原来酒瓶盖是圆的，太神奇了，这些小褶皱都是圆的一部分，只不过被藏了起来。"

爸爸看着这些儿子从垃圾堆里扒拉出来的酒瓶盖，又看着儿子，内心洋溢着一种巨大的骄傲感。因为小辉写作业的方式才是作业存在的价值，孩子不会因为老师讲明白了，就放弃验证。为了一个观点，他可以想办法、耗时间去验证自己的猜想，弥补自己知识上的不足，这样的作业才能帮助孩子提高，拥有这样的儿子怎么能不骄傲呢？

"你算出结果了吗？"爸爸问。

"还没有，测量挺困难的，好几次都失败了，找不到正确的测量方法。"一谈到这个问题，小辉的神情暗淡了。

"老爸给你做助手吧？"

"太好了，这样就好测量了。"

……

写作业是孩子学习中不可缺少的一部分，写作业的目的主要是为了检测出课堂学习的漏洞，填补课堂学习的缺失，让学生更全面地掌握知识，形成技能。如果是用心做一道题，远比心不在焉地做一百道题有价值。就像小辉这样，为了验证一个不确定的知识点，自己主动动手实验，这样的作业就有价值，才真的体现了学习的本质，体现了孩子的创造力和创新精神。小辉的爸爸就懂得这一点，所以他不仅没有阻止小辉，而且还参与到孩子的探索中，陪伴孩子，让孩子更加坚信自己的想法，并有机会去验证。父母的信任和陪伴，可以让孩子在精神上获得最大的支持。

父母不要将作业的形式拘泥于读、背、抄、算、写，对于孩子的大胆想法，父母要给予保护，在做作业的过程中，当孩子遇到困惑时，要敢于用多种手段帮助孩子探究。

比如四年级的时候，学生开始接触行程问题，计算的公式很简单：路程÷时间=速度，这三个量之间建立起一组关系，但是很多孩子无法理解，他们也只是简单地对照公式计算而已，所以很多孩子错了一遍还会再错。而父母如果采取演示的方法，就可以降低孩子的理解难度。

比如：工人甲从1500米外的A处开始向B地行进，每小时可以走500

米的路程，他需要几个小时到达目的地 B?

我们给孩子讲解这道题的时候，很多父母会给孩子画线段图，但实际上，线段图是从实际数量中抽取出的符号，对思维慢的孩子来说，理解有些难度，父母完全可以采取游戏的方式：从客厅的一头走到客厅的另一头，和孩子说好，假定客厅两头就是 A 和 B，爸爸走动一次代表一小时，让孩子观察、体验、感受，然后让孩子自己亲自再走一次。用这样的情景模拟方法，可以让孩子在现实生活中找到数学的元素，从而降低知识本身的难度。也可以采取手指游戏的方式，桌子的长度就是 1500 米，手指就是工人甲。

面对孩子作业中的困难，我们不仅仅要纸上谈兵，更要采取多种手段，让孩子将知识立体化、生活化，让静止的知识动起来。

所以作业的形式不要拘泥于一种，让孩子跑一跑、跳一跳、玩一玩都可以找到课堂学习的影子。只有在多元化的学习过程里，孩子的学习才是快乐的，一个人只有会玩才会学。鼓励孩子动起来，开发出有价值、有意义的作业，这样才是孩子学习事半功倍的最好方法。

PART 6

让正确的陪伴，
成为孩子一生受益的起点

很多父母把陪孩子写作业当作一场持久战，而在这场持久战中，僵持的双方是父母和孩子——世界上有着最亲近关系的群体。这场战役中，如果战术不对，就会引爆家庭内部的世界大战，即夫妻之间的对弈，战火的蔓延，还会引来爷爷、奶奶、姥姥、姥爷的参战……为什么陪孩子写作业这么难？每一位参与过"战争"的父母是否曾安静下来思考过其中的问题？

6.1 陪出孩子自信的人格

自信，简单说就是相信自己，具体讲就是相信自己所追求的目标是正确的，也相信自己有能力去实现所追求的目标。

两千多年前，孟子说"尧舜与人同耳，人皆可以为尧舜"，这是一种道德自信心；古人云"天生之人必有才""天生我才必有用"，这是一种能力自信心；相信自己有能力把事业搞好，积极努力地去提高做事的效率，这是一种事业上的自信心；相信自己能将开发新目标、研究新事物的工作干好，从而尽最大努力实现自己的人生价值，这是一种创造上的自信心。

我经过多年对儿童教育的研究，在追踪一个又一个孩子的成长过程中，感受到优秀孩子的身上都有这样一种特质：他们不知道什么是失败，也不会承认自己不如他人，面对一切挑战他们都会表现得淡定从容。是什么给予了他们这份强大的内心力量？是自信！

而优秀孩子的自信，是父母给予的！

小元刚刚进入一年级，一对大门牙刚刚掉下，满脸的天真可爱，一双黑亮的大眼睛透出机灵。他做完一道题会高举起肉乎乎的小手，嘴巴也会下意识地喊出来："老师，老师，我又做出了一道题！"每次写生字的时候，每写完一个字，他就会被自己写的字陶醉，充满幸福地说："我又写出了一个最漂亮的字！"

小元是一个自信的孩子，班上的任何活动他都会积极参与，即使是老师指派给别人的任务，他也会争上一争："老师，我会比他完成得更好。"

自信，让小元无所畏惧；自信，让小元不知道什么是失败；自信，让小元不断地去挑战自我。而小元刚刚进入小学，他的自信来源于哪里呢？

自信心是一种态度，是个体在学习和生活过程中，通过与他人的交往而逐渐形成的。所以小元的这种自信，是他进入学校大门前父母给予他的。所以家庭是孩子自信心培育的最好的土壤，自信一旦形成，就具有相对的稳定性，成为一种潜在的行为倾向来推动着人的行为，具有动力性的影响。因此可以说，自信心对一个人创造力的影响是深远的。只有具备了自信心，才敢去想；只有具备了自信心，也才敢去做。

不优秀的孩子更需要父母在陪伴中给予自信！

小雨是一名四年级的学生，是非常安静的小姑娘，在班上有时候一天也不会发出一点点声音，就如她自己所说的："我就希望老师这一天把我忘记了。"因为小雨学习成绩一直在班上倒数，每次考试她的内心都像压了一块巨大无比的石头，她怕看到考完试后老师绝望的眼神，也害怕遇到同学们轻视的目光，她一直觉得自己是这个班最多余的一个人。在班上，她几乎没有一个朋友，她最喜欢的事情，也是唯 能做的事情就是安静，安静是她自我保护的最好方式。

我曾经和小雨的父母说过这样一句话，当时她的父母差点失声落泪，我说："孩子在学校已经得到了太多的失望，在家里一定要多赞美她；她在学校已经得不到认可，作为她的父母，再不给予她更多的赞美，她还怎么能够有自信呢？"

一个孩子在学校没有受到老师的重视，在团体中没有表现自己的机会，或者在老师、爸爸、妈妈面前受到太多的批评、指责，甚至讽刺、挖苦，都会伤害孩子的自尊，影响自信。接着又因为表现不佳招致新的贬抑，形成恶性循环。可以说，自信心是一种体验，也是一种意志和精神。是否给予了孩子自信或者注意培养孩子的自信心，是父母需要特别关注和重视的事情。

很多普通的孩子，他们天性胆怯，不敢去表现，唯恐因为自己的失误而引起别人的嗤之以鼻。所以很多父母都会拉住老师的手，不断地拜托："我的孩子并不优秀，请您多给孩子表现的机会，多夸夸我的孩子，让他自信。"作为父母，您是否在家里也是这样做的呢？我们大多数的人都不敢把自己的孩子和天才联系在一起，事实上，所有的父母都知道机会对孩子的重要性。也许老师的表扬和赞美可以改变孩子的成长轨迹，但是身为父母的我们有没有想过：我们总是把期望放在老师的身上，但其实我们自己才是那个应该点燃孩子自信的人！

在陪伴孩子的过程中，我们首先最应该给予孩子的特质，便是自信！

第一，要真诚地告诉孩子"你是最棒的"！孩子还是小萌娃的时候，我们还可以轻松地说出"妈妈爱你"！但是孩子越大，这样的话就越羞于说出口。事实上，每个孩子最期盼的不是来自老师的肯定，而是来自父母的认可和赞美。北宋文学家苏轼说过："古之立大事者，不唯有超世之才，亦必有坚忍不拔之志。"这种坚忍不拔之志的形成，固然有多种因素，但其关键的因素就是要有自信心。这种自信心的建立，就是起源于父母的一句"你是最棒的"！

孩子从不会独立思考到自己能解答出一道题，妈妈应该抱抱他，把自己的喜悦放大十倍、二十倍、一百倍地展示在孩子面前，妈妈这种由衷的赞美，也许一下子就让孩子找到了成功的秘诀。孩子原来用四十分钟才能背下一篇课文到用二十分钟就背下，父母要发自内心地告诉他自己为他而骄傲，并把这种心情放大、放大、再放大，这不是矫揉造作，这是给孩子一个站起来的机会。当孩子第一次主动完成作业，作为父母，在他的额头亲吻一下，并且告诉他因为有了他而幸福，也许就是这个动作，就可以让孩子感受到他没有被抛弃，还有人认可他，因而一下子就会激发起他前进的动力。

给孩子树立自信不是一件很难的事情，只是在孩子取得某一个小小的成功时，用一个动作、一句话、一个词语来表达就够了。

第二，要相信自己的孩子是最棒的。当孩子考试成绩不理想的时候，也许距离平均分相差很远，父母有责任和义务把孩子已经坍塌的自信树立起来，善于在细节处找到他的优点。也许考试中他的字词比上次对得多，也许他的试卷书写比上次有了进步，无论如何不要告诉孩子这是一份糟糕的试卷，而是让孩子相信，只要爸爸、妈妈在身边，一起努力可以把"糟糕"变得"优秀"。

　　第三，不要轻易地放弃自己的孩子。我特别能够理解很多父母因为孩子在成长过程中遇到的问题而经受的折磨。面对这样的父母，我会给他们递上一张拭泪的纸巾，让他们将自己内心的压抑找一个时间和空间释放出来，然后我会告诉他们："不要放弃自己的孩子，因为你放弃了，孩子就真的站不起来了。"

　　当孩子不够优秀的时候，或者离期望有距离的时候，作为父母，我们必须要比孩子更强大，不能因为父母的软弱，让孩子的自信心倒塌，因为一个没有自信心的孩子将再也无法站立起来。

6.2 陪出孩子独立写作业的意识

如果是你，工作和娱乐你会选择哪一项？要是抛开物质的回报，在工作和娱乐两项中你又会选择哪一项？如果是孩子，学习和娱乐他又会选择哪一项？要是抛开老师的评价，在学习和娱乐两项中，孩子又会选择哪一项？

孩子天性就是贪玩的，面对娱乐，能够有自控力的人很少。所以，父母不要过多地去谴责孩子——或者不认真写作业，或者不主动去写作业。孩子自己主动、用心、认真地写作业是一种意识，这种意识需要一个过程去培养。而这其中父母的陪伴起着重要的作用。这种意识的养成，最重要的时期就是孩子入学的头三年。

作为刚刚入学的学生家长，基本有这样几种情况：

A.父母是双职工，孩子放学后无人照顾，不得不求助托管班。

B.因为工作原因，孩子放学后，不得不托付给祖父母照顾。

C.父母一方，在孩子放学后亲自陪伴。

情况A是很普遍的问题，因为收入是一个家庭最基本的需求。这样的父母，首先要做好调研工作，托管班老师是否有教师资质，托管班是否具有稳定性、安全性，是否具有良好的学习环境？因为课后托管是商业行为，是以营利为目的的。如果父母想在经济上节约点，又想让孩子受到良好的照顾，就很难了。

如果无法找到一个可信任的托管班，我个人觉得下午四点到七点这个时间段，正是人体锻炼的最佳时间，不如把孩子送到可以进行体育锻炼的场所。七点后再由父母亲自陪同进行文化课的学习，对孩子来说收获更大，兼顾了兴趣和学习。

至于情况 B，也是一个很现实的问题。我经常听到很多父母这样抱怨，由于两代人的教育观点不同，就会有很多矛盾。作为父母，我们是否思考过：这种矛盾是比孩子的健康成长更重要吗？无论是爸爸、妈妈，还是爷爷、奶奶，他们都希望自己的孩子受到最好的教育。所以在孩子开启学习之路时，两代人要先做好预案，理智地讨论这个问题，形成家庭的决议。现在很多家庭都有开家庭会议的习惯，这是一种非常健康的解决家庭问题的方式。一个公司的决议还要不停地完善，形成最终的方案，那么孩子教育这样的大问题，家庭更需要不停地调整方案。调整的依据就来自父母的观察、孩子的感受、其他亲人的体验，不能只听一方的意见，只有多方达到了高度统一，才可以更好地帮助孩子。教育孩子是长期的工作，是需要理智对待的事情，不可以感情用事。

情况 C 对孩子的成长自然是最好的，情况 B 也可以参考情况 C 的具体方法。

我听到过很多父母在放学的时候问孩子最多的问题是："今天老师留

的作业多吗？"我个人觉得这个问题是对孩子作业意识养成的最大误导。首先作业尽管是老师根据课程进度布置的查漏补缺的行为，但是同时也是父母对自己孩子全面培养的需要。其次，作业不应该只是以老师布置的作为标准，不要给孩子灌输这种意识——老师布置的才是作业。不然的话就会出现父母让孩子练习的内容，孩子不配合，父母又抱怨孩子不听自己的话的恶性循环。

作为父母，最好的方式是不问这个问题，先和孩子进行亲情培养，建立良好的感情。放学后，父母可以询问孩子的内容有很多，比如今天你又认识了什么新朋友？做操的时候，你发现谁做得最认真？数学课上，老师说了什么好玩儿的事情了吗？

很多父母也抱怨过，孩子不愿意聊学校的事。很多时候这也是因为父母的问题，让孩子很敏感，比如："你发言了吗？老师表扬你了吗？又有小朋友欺负你了吗？"虽然他们都是出于关爱才问的，但孩子之所以躲避这样的问题，是因为孩子还没有独立评价的能力，特别是刚进入学校一年级的小朋友，他们还没有完全建立起是非观念，无法独立进行判断。

父母和孩子沟通的话题，要具有启发性和讲述性。孩子对生活的观察能力弱，父母应该启发孩子观察自己在学校的生活，这样既可以培养孩子观察、感受生活的能力，也可以锻炼孩子描述事件的能力。

家才是培养孩子独立写作业意识的最好场所。首先要让孩子明白作业是什么，让孩子知道虽然放学了，但是学习并没有完，只是换了一个学习的场地。要让孩子明白，学校是集体学习的地方，而家是个体学习的地方，这种思想的传递都要依靠父母完成。

作业的内容其实可以分为两大类：复习和预习。

复习的内容应该有两部分，一部分是完成老师的作业，另一部分是完成自己的作业（最初阶段，这部分作业需要父母的引导和培养）。

第一部分：老师的作业，要根据老师的要求逐项落实。

第二部分：自己的作业，要做到如下几方面：

1.检查新学的内容。对于刚刚入学的孩子，最简单也是最有效的方法，就是把所有在校学习的内容阅读一遍。因为低年级的小朋友还不会默读，他们只能朗读。父母就要根据孩子读书的情况，判断出孩子哪些是会的，哪些是有问题的。比如，要是字音读错了就说明孩子的音不对，孩子算题时出现了错误也许是孩子的数感不好，父母就要借助家里各种可以找到的学具帮助孩子再次建立数感。

在孩子读书的过程中，父母不要打扰孩子，但是自己要做好笔记，把有问题的作为第二个层次呈现给孩子，帮助孩子掌握正确的知识，从而帮助孩子很自然地进入第三层的作业。也就是说父母通过孩子独立完成作业，发现问题，然后帮助孩子解决。

很多父母一听说孩子没有作业，就单独给孩子布置作业，这样做会激发孩子的抵触思想，因为父母布置的作业没有根据，不能以理服人，凭空想象的任务容易引发孩子的抵抗情绪。所以想要孩子建立良好的作业意识，首先要激发学生的个体需要。有了问题才可以解决问题，而不能本末倒置。要让孩子尊重和信服父母，父母就要讲道理。

2.预习没有学过的内容。对于孩子来说，预习是良好的学习习惯。

在预习中，父母最容易犯的错误就是追求十全十美。预习不是要让孩子做到百分之百地学会新知识，而是让孩子在原有认知的基础上提前熟悉新知识，孩子可以独立解决问题，查找还有什么问题不能独立解决。比如孩子读书，读得不够流畅，父母不可以让孩子无休止地一遍又一遍地阅读。孩子读得结巴，是他的独立学习能力就达到这种程度了，要想提高需要一个学习的过程。磕巴了就是有学习的困难，这个困难需要孩子带到课堂中去解决。学习是一个循序渐进的过程，不能追求一步到位。再比如在孩子预习的过程中，有些数学题可以做出来，有些做不出来，做不出来的父母不可以强求孩子必须会做，那就不是预习了，而是学习。二者是有差别的学习活动。

写作业是学生应该有的意识，而不是学习任务，父母在孩子刚刚入学的时候，不要把它归入孩子的学习任务，因为一旦成为任务就会有完成和不完成两种状态。而作为一种意识，就会形成一种本能，就像我们热了就会找凉快的地方，饿了就会找食物，这都是人因为本能而产生的一种意识。所以孩子写作业意识的建立，是建立在父母对作业的认知的基础上的。

6.3　陪出孩子好的学习态度

在孩子的学习过程中，有一个很奇怪的现象：最初孩子们走进学校的时候，每一个小孩都非常高兴，他们对学校充满了喜爱，喜爱学校温柔甜美的老师，喜爱和小朋友们一起排队做操、背诵儿歌、学习英语，喜爱和同学们一起吃饭、喝水，喜爱和同学、老师一起做卫生……可是这种喜爱为什么随着孩子年级的增高，有的依然保持，但更多的则是消失殆尽？是什么让孩子对上学的态度发生了这么大的变化？这个态度的变化是一天完成的吗？

乐乐今年上五年级，他每周都要因为学习的事情和妈妈最少闹上三回。可乐乐以前也很愿意学习呀，从什么时候他开始不喜欢甚至厌烦学习了呢？妈妈也不知道。

孩子最亲近的人往往最容易捕捉孩子的情绪变化，而造成情绪变化的原因往往也可以从家里找到。父母是孩子最信任的人，也是可以最准确捕捉孩子情绪变化、态度转变的人。所以在陪伴过程中，父母要注意孩子这几点变化：

第一，孩子回家后，不再愿意写作业了。对于小孩子来说，他们还没有很好地控制自己情绪的能力，他们的表现很直接，不愿意就是不愿意，不高兴就是不高兴。当父母发现孩子某一天突然有了变化，就要想方设法给孩子营造一个安全的氛围，鼓励孩子说出自己的想法，第一时间掌握孩子情绪变化的原因。

一般孩子回家后不愿意写作业的原因有以下几个：

1.在课堂上没有听懂。因为没有听懂，所以不会做题，这是孩子不愿意写作业的重要原因。遇到这样的情况，父母就要及时帮助孩子把当天没学会的知识点补上，避免孩子由一个点的不会，引发一串的不会，从而导致一个面的不会。当然在补上知识之后，要和孩子沟通，了解是什么原因导致他上课没有听懂。如果是因为走神，就要引导孩子知道上课听讲的重要性；如果是因为纪律问题导致的不会，就要告诉孩子严格遵守课堂秩序的重要性；如果是孩子自身理解的问题，父母就要更加重视对知识的预习，要加大预习的广度和深度，还要重视复习的层次和方法，重视复习的科学性、复习内容和时间的安排，等等。父母要做到更细致、更敏感地对待孩子的学习问题，第一时间避免孩子成为差生的可能。

2.在学校受到了批评，回家想通过情绪的释放引起父母的重视。很多孩子希望通过自己行为的改变，让父母发现自己的不同，从而引起父母的注意，让父母主动关心自己。有的时候小孩子看问题不全面，会把老师的一些教育当作对他的惩罚，他又不愿意正面和父母探讨问题，所以会借助一些行为引起父母的注意。这个时候父母就要留心观察，打开孩子的心扉，站在一个中立的角度给孩子说话的权利，帮助孩子分析问题，让他们更全面地看到自己的问题。有这样举动的孩子，一类是性格比较内向，遇到事情容易沉浸在自己的思想世界；还有一类就是父母平时关注比较多，对孩子的客观评价少。这样的父母会导致孩子心理的不健康，因为不是所有的人都可以袒护他的错误。所以，客观地帮助孩子是父母必须做到的。

3.由于贪玩，不愿意写作业。爱玩是孩子的天性，特别是男孩子，自我约束力差，比较好动。但是近些年来，由于孩子的视野更加开阔，男孩子、女孩子的性格区分度越来越不明显，有些女孩子比男孩子还要活跃。由于某一个活动引发孩子写作业不主动，难以从中摆脱出来，这个时候父母就要多关注孩子，因为有的时候孩子会因为一次改变，从而改掉一个习惯。比如，第二天要召开运动会，孩子就会变得非常不愿意写作业，他总会想到和运动会相关的内容，这个时候父母就要稳定孩子的情绪，给他一个更安静的学习环境，让他把注意力再次转回到作业上，因为父母有效的引导可能会使孩子改掉坏习惯。

第二，回家后，孩子写作业突然特别积极。这是所有父母都期盼看到的状态，如果孩子对待作业的兴趣有了一个质的变化，有可能孩子就在某一点有了一个大的进步，甚至是孩子的一个转折点。父母要利用这种转折点趁机鼓励、夸赞，让孩子把这种状态变成一种习惯。孩子写作业行为的变化，一般和学校的课堂学习会有直接关系，比如老师的表扬、同学的赞美都会让孩子对自己有了信心，从而激发了学习的内驱力。我们说外因改变不了内因，但是内因却可以改变一个人的行为。父母要充分利用孩子的这种内在动力，提高孩子对学习的积极性。

第三，在陪伴过程中，孩子的情绪、行为突然发生变化。比如平时孩子特别爱说话，而某一天回来很不爱说话，这有可能是孩子在学校遇到了什么不愉快的事情，导致孩子情绪的变化。作为父母，我们要给予孩子更多的关心和爱护，给孩子一种安全感，让他能够主动和父母交流。在这样的情况下，疏导孩子的心结就比写作业重要得多。关注孩子的心理健康，才可以让孩子健康地成长。再比如，孩子一向喜欢写英语作业，而突然有一天不愿意写了，就有可能是孩子在课上和老师有了矛盾，父母要细心地了解孩子的变化原因，不要让孩子背着任何包袱进行第二天的学习，避免错过最佳的教育和帮助时期。

6.4　陪伴中可以让孩子养成的几种好习惯

在小学阶段，特别是一到三年级，学习习惯的养成是最重要的学习任务，比如上课专注的习惯、做事有序的习惯、整理书包的习惯，等等。一个优秀的孩子一定会具有良好的习惯，好习惯的养成是孩子终身都需要的。所以在孩子一到三年级的时候，不仅学校、老师要格外注意，父母也要有意识地培养孩子的好习惯。

在家里，父母可以帮助孩子形成哪些习惯呢？

第一，独立整理书包的习惯。在父母的眼里，孩子永远是小孩儿。父母总是担心孩子在成长中很多事情自己无法解决，父母的这种思想是阻碍孩子成长的最大障碍。在学校里，孩子们的书包都是自己整理，但是回到了家里，父母总会插手代替，特别是妈妈们总觉得孩子动作不灵活，浪费时间。父母一定要管好自己，只要做到引导就好，不要代替孩子做所有事。父母可以根据自己的人生经验，指导孩子哪些物品可以先放，哪些物品后放，可以给孩子做示范，但是一定要让孩子自己去完成。不要担心孩子把书弄褶皱了，因为只有第一次的不完美，才会有第二次的进步。

孩子每天学习结束后，父母可以监督孩子整理书包，一直到孩子能够独立完成，在这个过程中父母不要吝啬对孩子的鼓励和赞美。您的肯定会让孩子觉得这是一件重要而且骄傲的事情。

整理书包看似是一件小事，其实对孩子今后的发展很重要。一个人如果没有良好的物品整理习惯，以后做事也会缺乏一定的条理性。在整理的过程中，训练的不仅仅是收拾书包的能力，也是对孩子的逻辑思维、动手能力、做事态度的训练。

第二，良好的书写习惯。很多高年级的父母抱怨，孩子的笔顺错误、错字多、写字潦草，都是因为孩子在低年级的时候，没有养成良好的书写习惯。中国汉字的笔顺是有自己的规则的，这个规则讲起来容易，但学生执行起来就会很难。比如内外结构的字，有很多孩子为了图省事，就先用一笔画一个方框，再写里边的部首。而这样写出的汉字，老师是无法发现他的错误的，这就会给孩子一种潜意识——书写可以不按照书写规则去写，也就出现了大量的笔顺错误。

而父母在陪伴孩子的过程中，比任课老师更容易发现这样的错误，并且可能对孩子进行纠正。

第三，认真完成非书面作业的习惯。到了高年级，很多学生对老师布置的非书面作业不落实，因为老师无法全面检查这样的作业。而父母在陪伴孩子的过程中，就可以落实这样的作业。英语、语文都是需要逐步提升语感的，所以读的作业对于孩子学习能力的提升十分重要。

第四，暴露学习漏洞，养成自主思考的习惯。一份有价值的作业可以帮助孩子提升解决问题的能力，所以在写作业的过程中如果出现孩子不会的题目，父母应该感到高兴。特别是初中之后，老师正是根据作业中学生呈现出的问题，来修正自己的教学设计方案的。

孩子在写作业的过程中暴露出自己的问题，父母要鼓励孩子去借助老师教授的方法进行解决。对于这样的问题，还要及时进行总结归纳，这对夯实孩子的基础很有帮助。

第五，做事有效率、不拖拖拉拉的习惯。到了高年级后，家庭作业提升到一小时的时间才能完成，但是很多孩子却要用四五个小时去完成，有的甚至写到深夜。这些孩子就是因为在刚入学的时候没有养成好的写作业习惯。良好的写作业习惯的养成，可以让孩子受用终生。在一年级的时候，我们就要训练孩子到家洗手、换衣服，然后在安静的学习环境中独立完成作业的习惯；到了小学高年级，甚至初高中，孩子可以根据惯性独立完成作业，就不会写到半夜了。

提高孩子写作业效率的方法如下：

1. 回家第一件事情就是要写作业。即使距离学校再近，从学校到家也要超过十分钟的时间，这个时间足够孩子休息了。所以孩子到家后，就要洗手，然后开始写作业。

2. 写作业的环境要简单。给孩子提供一个布置简单的学习环境，利于孩子集中注意力。整个环境包括孩子的学习用具都要简单，比如铅笔盒里只有必需的用具。有的孩子一个铅笔盒里有二十几支笔，七八块橡皮，这是错误的。过多的学习用具会分散孩子的注意力，因为孩子会在挑选用具中浪费大量的时间。

3. 提供安静的写作业的环境。写作业是一个注意力高度集中的过程，父母要避免和孩子交流，不要用任何理由打扰孩子学习，包括在写作业的过程中发现孩子的错误。即使要处理孩子出现的错误，也要等到孩子独立完成作业之后再进行。父母要提前训练孩子，在不会的题目前做上标记。要允许孩子有不会的内容，也要允许孩子出错。很多父母面对孩子的"不会"就会发怒，最后使得孩子对作业充满了恐惧。父母一定要有一个理性的认识：遇到不会的是正常的，不要因为孩子不会某些内容而失去理性，在孩子做完作业后要带着孩子集中思考或者帮助孩子解决这项难题。

4. 要按照一定的顺序完成作业。有的孩子总是一会儿写英语，一会儿又写语文，然后又回过头来写英语，这样的安排是错误的。要养成良好的写作业习惯，就要锻炼孩子做完一项作业再做另一项作业，不可以几项交叉来做，这样会降低学习效率。

5. 做作业要从容易到困难。有些内容对孩子来说有一定的难度，这样的作业要放在后边处理。因为如果一上来就做难题，会打击孩子的自信心，后边就会通过磨蹭来缓解自己的内心焦虑。万事开头难，所以开头要从简单的入手，对于孩子来说，简单的就是自己擅长的。难易度是孩子自己感知的，而不是父母强势赋予的，因此要尊重孩子。

6. 积极评价很重要。对于刚刚入学的小朋友来说，父母积极、肯定的评价可以培养孩子做事高效的习惯。父母可以根据孩子的具体情况来制订时间表、奖惩制度来激励孩子形成良好的作业习惯。父母要做到评价的客观、公正，不要因为对孩子的爱而变得没有原则。做好孩子完成每项作业的统计工作，便于督促孩子不断地提高效率，养成习惯。

7.针对不同的孩子，要用不同的方法来提升学习效率。有的孩子在写作业的时候喜欢追求完美，总是写了擦、擦了写，在反复中浪费了大量的时间。这样的孩子一般对自己的要求很高，自尊心也强。对于这样的孩子，我们在保护他们积极的学习态度的同时，要告诉孩子评价作业好坏的标准还有时间，来增加他们的时间意识。在正面引导的同时，我们也要积极表扬孩子，使他们逐步提高。最好在最初写作业的时候要及时制止他们浪费时间的行为，比如把孩子的橡皮收起来，告诉孩子想好了、看准了再写，避免孩子养成不良的习惯。

还有一部分孩子缺乏"作业意识"，他们总是一边写一边玩儿。一般情况下，这是父母要求不到位，让孩子无限制地获得宽松的氛围而养成的不良习惯。父母要先改变自己的教育理念，不要纵容孩子养成坏的习惯。还有一类孩子在学习中有困难，这样的孩子信心不足，更需要父母的鼓励和帮助。孩子做事用的时间长属于正常现象，父母就必须尊重客观事实，也可以求助于更专业的人员，针对孩子的具体情况进行帮助。

6.5 陪伴可以深度挖掘孩子的学习潜能

　　很多向我咨询的父母都提出过这样一个问题：我们应该给孩子报什么兴趣班？我个人的意见是，当孩子没有清晰地表现出在某一方面有比较大的兴趣和爱好的时候，父母可以尽可能多地给孩子提供参与各种活动的机会。经过一段时间的观察，和孩子的自我体验后，父母再确定给孩子报哪些兴趣班或特长班。

　　在培养孩子兴趣特长的过程中，我不建议父母采取下面的方式：

　　第一，别的孩子学习什么，我的孩子就学习什么。因为孩子的生活环境、自身素质等客观条件不同，父母在培养孩子兴趣方面，不可以人云亦云。

　　很多父母看到其他孩子都在学钢琴，自己就给孩子买钢琴；看到别的孩子都学舞蹈，就给孩子选择舞蹈，这种做法并不可取。孩子做自己不喜欢、不适合的事，不仅什么都学不到，还会浪费时间。

　　第二，任意给孩子选择老师。给孩子选择兴趣班老师的时候，要选择专业性高的老师。无论学习什么，孩子都有很强的向师性，也就是老师对孩子的情绪干扰很大。老师的专业性高，有可能一下子就激发出孩子的学习兴趣。

笑笑就是因为曾经的英语培训老师非常优秀，从小就对英语非常感兴趣，后来参加了很多全国性的英语比赛，取得了非常好的成绩。

我建议父母在给孩子选择老师的时候，一定要亲自看一看、听一听，为孩子把好关。同时还要重视教育的特殊性，教育有其特有的规律，承载着特别的目的。家长也可以咨询自己熟悉的教育人士，帮助自己做出判断，不要轻易地被一些表面现象所蒙蔽。

很多找我咨询的父母都曾提道："因为某某老师上课风趣幽默，课堂活跃，孩子很喜欢，所以我们就报了这个老师的课。"这种判断方式我不赞同，每个老师都有自己的教学方法，但是方法不代表专业性。这二者如果要排序的话，专业性放第一位，方法放第二位。良师出高徒，这里的良师指的是真有专业本领的人。

第三，最好选择父母自己熟悉的兴趣特长。对于孩子来说，父母就是自己最好的老师，如果是父母熟悉的内容，就可以更好地帮助孩子。

第四，坚持和放弃都要果断。比如有的孩子真的缺少运动细胞，而父母非要让他练习滑冰，这样做既浪费了大量的时间，也耽误了孩子的发展，而且还可能造成孩子厌学的态度。反之，如果发现孩子真的在某一方面有兴趣，但是因为孩子的主观原因（比如怕吃苦）想放弃，父母就要坚持，而且态度要坚定。不能以孩子的意志作为最终的判断标准，孩子对未来是没有规划能力的，父母要做好孩子的监护人，为孩子的未来做好打算。我看到过很多父母过于顺从孩子的意志，而导致孩子学无所成的案例。

父母要本着对孩子负责的态度为他选择正确的路，不要觉得一味地听取孩子的意见就是对孩子的尊重，这种尊重方式往往和溺爱造成的后果是一样的。

教育是多元的，学校教育对一个孩子的成长起了很大的作用，同样，家庭教育给孩子提供的教育资源对孩子的成长也起到了重要的作用。作为父母，我们应该为孩子更好地整合资源，做好人生的规划。

每个人的能力不同，无论是什么样的受教育途径都要尊重孩子的个体差异，做到因材施教。

如果我们根据孩子的学习能力，把他们分为快速学习、匀速学习、慢速理解三种类型，我们就可以据此安排孩子的兴趣培养。

快速学习型学生，学习能力较强，能力发展均衡，学习轻松，兴趣多，精力旺盛。针对这类学生，要在尊重孩子意见的前提下，让孩子有机会接触到更多的教育机会，开发出他们更多的学习潜能。在参与学习的过程中，以参考老师的客观评价为前提，尊重孩子的意愿，给孩子提供学习机会，做到文体、科技、文化的综合性选择。合理统筹时间，做好后期训练，目标清晰，检查到位，避免半途而废。

匀速学习型学生有一定的学习能力，学习态度端正，养成了一定的学习习惯，可以完成一定的学习任务，在课堂上学习的负担不重，没有明显的兴趣取向。这类学生的培养方案应该是：父母要权衡孩子、家庭、师资等综合因素，有针对性地选择兴趣项目，项目数量不要过多，最好控制在三项以内。要做到以学校学习为主，兴趣爱好为辅。主要目的是开发孩子的学习潜能，但又不给孩子增加过重的思想和精神负担，避免父母和孩子产生矛盾。

慢速理解型学生的学习能力相对较慢，还没有养成良好的学习习惯，完成学校学习任务困难，学习课业负担比较重，没有表现出明显的兴趣取向。这类学生的培养方案是：在培养孩子兴趣爱好之前，一定要给予孩子一个健康的心理，不能以伤害孩子的心理健康为代价。尊重孩子的学习需求，如果孩子没有表现出强烈的学习欲望，父母要坦然面对，不要增加孩子任何一项学习负担。不要觉得别人都学，自己的孩子就要学，这样反而会起到反作用。

根据目前社会上大多数孩子的学习情况，我们可以把孩子的学习活动分为两种：在学校内，孩子学习的是学习态度、学习习惯、做人准绳和文化知识；在学校外，要根据孩子的学习可能性，给孩子提供更多更丰富的学习内容，让孩子的综合素养得到提升。

所以第二种学习是孩子在成长中的一种重要的学习方式，父母要全面地考量，做出正确的判断。第二种学习方式更需要父母的陪伴，在父母陪伴的过程中，要更全面地了解孩子的特点，根据孩子的特点来为孩子的未来创造更多的可能性。无论孩子选择了校外的哪些学习内容，都建议父母做到：

第一，持之以恒。在选择并确定了适合孩子的兴趣以后，父母要关注孩子的情绪，孩子意志薄弱的时候，做孩子的精神后盾，不能也不要让孩子轻易放弃，兴趣培养的过程也是对孩子意志力培养的过程。

　　第二，不要以孩子的意志作为唯一的判断标准，这点我刚才已经提过，初中以前，孩子的目的性还不强，父母不可以以孩子的意志作为唯一的判断标准，不要把尊重和溺爱混淆。

　　第三，制定目标规划。对孩子兴趣爱好的培养，很多父母一般都是这样规划的——我们不是要学成什么，就是有一个兴趣就可以了。我个人不是很赞同这样的规划。学习是一件严肃认真的事情，既然学习了就应该让孩子的意志力得到磨炼，而不能当成一个游戏，高兴了就学，不高兴了就不学。在孩子精力、体力都很旺盛的情况下，一旦选择了学习，就要目标明确，规划到位，这样的学习对于孩子今后的发展才是有帮助的。

　　只有做到了以上三点，才能挖掘孩子的潜能，促进孩子的全面发展。

PART 7

陪伴孩子成长，
遇见最好的自己

父母所有的帮助和参与都是为了终有一日能放手让孩子独自面对和解决。世间所有的爱，唯有父母对孩子的爱是以分离为目的。作为父母，要放下纠结，放下一门心思纠正孩子过错的心态，与他们一起共享快乐时光，一起欢笑、一起成长。

7.1　一千块拼图的享受

我的母亲出生于新中国成立前，她有着那种在大街上随处可见的老奶奶的形象，她没有上过一天学，就连写自己的名字，也像搭积木一样一笔笔地画出来。妈妈一生哺育了子女三人，又帮我们三个带大了四个孩子，她现在已经满头白发了。但是我们一家十几口人聚会吃饭时，妈妈还是会操持一切，因为她觉得为孩子做什么都是应该的。像母亲这样一心只为孩子的中国妈妈有很多，她们习惯了给予孩子一切，她们认为，只要孩子幸福，自己就幸福了！

所以在教育孩子的问题上，很多父母都是全身心地投入，无怨无悔地奉献，在奉献中，他们也享受着陪在孩子身边的特殊的幸福感。

小若现在已经上高中了，而且是很好的高中。她的目标是去英国剑桥大学学习。为了帮她实现人生理想，从初中开始，爸爸、妈妈就每年带她去英国旅行两周，让她更近距离感受剑桥的气息。

小若的父母都是研究生毕业，毕业后就留在了这座城市。小若从出生到现在大部分时间都是爸爸、妈妈在照顾。爸爸、妈妈分工明确，妈妈负责小若的生活起居，爸爸负责小若的理想和实践。

妈妈是一个内心细腻、做事仔细、考虑周全的人。小若从小就比别的孩子瘦弱，所以妈妈对小若的饮食就格外上心。小若不爱吃苹果，妈妈就把苹果做成苹果馅饼；小若不爱吃月饼，妈妈就带着小若把一块块月饼拆了，皮用白面再次加工后，做成一个个心形的点心，小若一次能吃好几个。为了让小若有胃口，妈妈会给她在煮好的面上用菠菜叶小心地拼出像花一样的图形，妈妈用爱心为小若创造出食物最完美的一面。

小若爱看书，爸爸就把自己的书架给了小若，她的书从一本到十本，从十本到一百本，从一百本到一千本地累计增加，而爸爸的书就一本一本地从书架上取下来，放进柜子顶的大箱子里，每次爸爸想要查资料，就需要登梯子爬高，有的时候怕麻烦干脆就站在梯子上看完了直接放回柜顶。小若每天都会在放满书的大书架前待上几个小时，从小学四年级开始她就迷恋英文小说，她总是说："剑桥的学生都说英文，没有共同语言可不行呀！"爸爸就拜托国外的朋友，给小若一本一本地寄她喜欢看的英文书。有的时候赶上爸爸到国外出差，回来的时候，爸爸的行李里都是小若喜欢的作家的新版图书。

小若对音乐有着异常的天赋，特别是吹萨克斯。从小学二年级开始接触萨克斯之后，她就深深地迷上了萨克斯独有的音色。买第一把萨克斯的时候，小若还不到八岁，她看着金灿灿的萨克斯，一宿都不舍得放下，即使上了床还要跑下来打开萨克斯的盒子，用手摸了又摸确认萨克斯还在她的房间里，才重新上床睡觉。别的小孩儿吹上半个小时就会因为缺氧头疼，而不再练习，而小若吹一个多小时都不喊一句累。尽管小若吹出的是刺耳的声音，坐在对面的妈妈也用欣赏的目光望着小若，那神情仿佛在对小若说："这是我听到的最美的音乐。"为了帮小若更快地提高萨克斯的演奏水平，妈妈会和小若一起读谱子，会和小若一起聆听老师给的音频资料，妈妈每周还会花大价钱带小若去剧院看交响乐演出。每次看完演出，小若都心满意足，并且告诉妈妈："有一天我也要和他们一起演出。"

在小若上初中二年级的时候，小若真的开了第一场个人萨克斯演奏会，尽管只是在学校范围内，但是小若却实现了自己的小理想。现在尽管小若还在读高三，但是每周还会跟着学校乐队一起排练，她现在已经有了四把不同型号的萨克斯，这是她最大的宝贝。音乐给了小若更好的人生享受。

小若还有一个爱好，就是拼图。妈妈已经记不清小若第一次玩拼图是几岁，也许刚满一岁吧，拼图最后成了一家人家庭日的必做游戏。因为小若平时表现很出色，爸爸、妈妈每次都给她买拼图作为奖品。拼图块数的多少取决于小若进步的大小，进步大就可以给她买一个块数多的拼图。为了获得自己喜欢的拼图，小若每周都很努力。妈妈是家里的审美大师，也是家里的环境大师，对于那些具有挑战性的拼图，拼好后妈妈都会把它们装在镜框里保存下来。对于特别有纪念意义的妈妈会挂在墙上，比如小若因为考了学校的第一名而被保送到了最好的高中获得的"奔腾的骏马图"，妈妈就给挂在了客厅里。

小若玩拼图的时候，爸爸、妈妈无论多忙都会和小若一起拼，小若指挥，爸爸、妈妈执行，一家人仿佛进入了一个施工现场，紧张、忙碌却又温馨。有的时候，幽默的爸爸会和小若开点小玩笑——藏起一两片，让小若急得团团转，最后爸爸坦白交代，还嗔怪小若不看好自己的施工材料，太不负责任了。当然小若也遇到过因为自己弄丢了一两块，导致最后无法完成的情况。六年级时就有一个"伦敦桥"的5000块的拼图，最后差了一块，怎么也找不到，至今还被妈妈收藏着。爸爸说："属于你的一定是你的，我们静静地等待它的出现吧！"

小若一家人还有一个共同的做事方法，就是都喜欢用文字表达需要。小若耳机丢了，她会写上一段温情的话悄悄地放在桌角，妈妈看到了，就会为她买来。小若送爸爸生日礼物，总会在上边附上一首长诗，而爸爸也会回赠给女儿一篇唯美的散文。小若喜欢文字，更喜欢用文字和爸爸妈妈交流。

小若是一个优秀的女孩，她更有一对优秀的父母。在女儿成长的道路上，爸爸妈妈和她一起分享着快乐，和她一起拼出美好的生活。孩子就是上天赐给每一对父母的最完美的礼物，你只有珍视这份礼物，礼物才会有价值。孩子从一个只有几十厘米长的婴儿，慢慢地成长，在这个过程中，也是我们为人父母慢慢懂得爱的过程。

小若的父母有着大智慧，他们用心规划着小若的每一步，但是每一步走向哪里又似乎是小若自己选择的，爸爸、妈妈是随着小若的每一步前进着。小若父母用爱陪着小若的成长，同时，小若的成长也给予父母独有的幸福。

小若的父母无疑是幸福的，主要有几个原因：

第一，陪伴女儿，让他们见证了一个生命的成长历程。时光匆匆，很多人在这个世上似乎一点痕迹都没有留下，但是小若的父母，就像驾驭时间的老人，他们把时钟调慢，慢慢地享受着小若成长带来的幸福感。他们从小若姗姗学步，到最后长得亭亭玉立；从小若的懵懂无知，到最后的贴心可人；从小若的第一声哭泣，到小若的喜怒哀乐……都一一见证着。在这个过程中，他们自己也在成长，从最初的不知怎么为人父母，到最后的坦然从容；从最初的艰辛付出，到最后的收获满满。

第二，陪伴女儿，让他们获得了更多的快乐。如果没有小若，也许妈妈的厨艺不会精进；如果没有小若，爸爸永远不知道藏起一个拼图可以得到女儿撒娇的嗔怪；如果没有小若，爸爸、妈妈永远无法享受到学业成功的满足感。正是陪着女儿一日一日地成长，爸爸、妈妈收获了更多的满足和快乐。

7.2　看到那双大眼睛，我的心都融化了

　　每一个期盼小生命到来的家庭，在第一次看到自己的结晶时，那份激动、那份不可思议真的无法用语言表述出来。我很努力地想用几个词语来形容看到新生命那一刻父母的感受，但是太难了，只有经历过这样人生经历的人才会懂得。

　　小希和小望是两个不幸的孩子，他们都是一生下来就被父母遗弃。小希比小望大二十一天，小希是女孩，小望是男孩，但他们俩无疑也是世界上最幸运的孩子。一次偶然的机会，他们后来的养母随朋友去孤儿院探访，当她看到院长怀里抱着的刚刚送来的小希时，心都软化了。小希非常瘦弱，像一只小猫，每次喝完几口奶都要抱很久才可以不吐出来。小希的眼睛大得出奇，和手心一样大的小脸上，大眼睛似乎占了一半，黑黑的眼珠充满了灵气。妈妈第一眼看到小希的大眼睛，就有了一种发自心底地做母亲的感觉，用她的话来说就是"看到那双大眼睛，我的心都融化了"。她从来没有抱过孩子，却没有一点慌张，很轻松地就把小希抱在了怀里，那一刻她觉得这就是上天送给她的女儿。

　　原本妈妈带走小希是一个意外，一起带走小望更是出乎意料。在她即

将离开孤儿院的时候，小希莫名其妙地开始拼命哭泣，似乎有着天大的不愿意。妈妈手足无措，不知道怎么了。院长也觉得奇怪，照顾小希的保育阿姨赶了过来，阿姨的怀里抱着一个更小的宝宝，当阿姨把怀中的宝宝放在小希的旁边时，小希不哭了。妈妈看到那个更小的孩子，突然有了一个坚定的想法：这是她的孩子！而这个孩子就是小望。

小希和小望都是早产儿，而且在母体的时候营养不良，所以各个器官的发育都不是很好，对他们俩来说，吃奶都是非常困难的事情。妈妈从来没有做过母亲，但是对他们两个却是又耐心又细心，甚至推掉了所有的工作，尽心尽力地照顾他们。

为了提高两个孩子的身体素质，妈妈经常带他们去郊游，还陪他们参加武术班，每天陪他们一起运动，他们俩的食物都是精心制作的，水果、蔬菜、肉搭配均衡，为了照顾两个孩子，妈妈还把七十多岁的姥爷、姥姥接来同住。

妈妈为了两个孩子的教育更是费尽心血。到两个孩子上学的时候，妈妈已经年近五十了，体力、精力都差了很多。但是妈妈一点儿没有觉得陪伴他们是一件难事儿，他们虽在同一个班级，但表现出来的学习能力却截然不同。姐姐小希记忆力好，背诵英语、语文都轻而易举，可是数学的逻辑性却很差；弟弟小望恰恰相反，背诵是他的弱项，一篇英语课文背上几天，还是磕磕绊绊，但是数学解题能力却比姐姐强很多。姐姐爱看书、爱写作，每天都抱着书不停地看；而弟弟却是个"不书主义者"，只喜欢舞枪弄棒，武术练得很好，小学五年级时就已经获得了很多全国大奖。

妈妈每天都会根据两个孩子的特点，给他们辅导功课。妈妈先检查姐姐的课文背诵，再帮助弟弟听写，给姐姐讲完数学题，又给弟弟讲英语。姐姐因为上课看书被老师批评，妈妈就要单独和姐姐讨论上课听讲的问题。弟弟在学校没有写完作业，妈妈就要单独和弟弟讨论作业态度问题。一个家庭养一个孩子都很辛苦，何况是两个孩子呢，妈妈有的时候累得真想躺下再也不起来。

可是每到周末，小希一早就会为妈妈热好牛奶端上餐桌，这时候妈妈觉得她就是世界上最幸福的人了。每次去超市，弟弟都会担起家里男孩子的职责，帮妈妈拿所有的包包，过马路的时候，弟弟还会挡在妈妈的身前，帮妈妈左右看看，安全了才会让妈妈走。姐姐得了奖状，一定会贴在妈妈的房间；弟弟在学校得了奖品，一定会留给妈妈。妈妈觉得她拥有了全世界最好的爱。

妈妈和两个孩子有时间的时候会去长途旅行，弟弟负责收拾所有的行李，就连妈妈需要每天吃什么药、需要带哪些防晒用品，他都会一一收拾到位。因为妈妈年纪大了，姐姐会做好规划，由于妈妈睡眠不好，她一定要找位置相对偏僻的住所，不让车水马龙吵到妈妈睡觉。

两个小家伙只有十一岁，却异常懂事。妈妈在他们很小的时候，就把他们的身世告诉了他们，每年妈妈都会带他们去孤儿院做义工，并且告诉他们要把爱给予更多的人。母子三人每年都要拍一张全家福，记录孩子们的成长。

妈妈总是说："感谢上帝给了自己最宝贵的礼物！"

只有懂得爱的人才会感受爱的存在，只有付出爱的人才会收到爱的回报。每次见到小希和小望，我都觉得人世间的爱永存！妈妈原本可以过着非常舒适、简单的生活，不用担心孩子因为吐奶而被呛，不用担心孩子因为生病而遭罪，不用担心孩子因为没有被老师表扬而情绪低落。但是，妈妈为了两个孩子放弃了一个人自由舒适的生活，为那一刻心底的柔软而承担起了无尽的责任。也正是在陪伴两个小家伙的过程中，妈妈感受到了有子女陪伴的幸福感。

也许我们在陪伴孩子的过程中，真的会经历很多痛苦。孩子成绩差会被老师请去谈话，孩子不写作业会让我们烦躁不安，孩子做事没有效率会让我们怒火冲天，孩子做事丢三落四会让我们着急上火，孩子总是听不懂老师的课会让我们捶胸顿足，孩子生病、受伤会让我们揪心难熬，孩子写字乱七八糟会让我们怒其不争……孩子的错误随时牵动着爸爸、妈妈的心，有多少父母曾大声地自问"我为什么要生孩子"；有多少父母会因为孩子觉得面子尽失；有多少父母因为孩子的出现，打乱了自己的生活安排；有多少优秀的父母因为孩子觉得抬不起头来……在孩子成长的道路上，父母确实会经历很多，但我们不也正是从孩子的错误、失败中感受到了生命的意义吗？

陪伴让小希和小望的妈妈收获了什么呢？

第一，找到了孕育新生命的价值。尽管小希和小望不是妈妈亲生的，但是妈妈在孩子成长的过程中履行了一个母亲的职责，她把全部的爱给予了两个孩子，她关心他们的身体，重视他们的思想，在生活的点滴中她感受到为生命延续的付出，也是这种付出让她感受到了生命的价值。还有什么比让人类的延续、生命的流传更有价值的呢？

第二，妈妈用自己的博爱教会了孩子去爱。一种精神的延续是需要媒介的，妈妈博爱的思想，从小便延续到了两个孩子身上。两个孩子从小便学会了付出、给予、关爱。小爱容易大爱难，妈妈无私的爱会在无形中教会两个孩子以后要做一个有博爱精神的人。

第三，妈妈享受到了作为母亲的快乐。在养育两个小孩的过程中，妈妈付出了很多，但是正是这种付出，让她自己认识到了什么是母亲，她自己才会更懂得家的意义。她既帮助了孩子，孩子也帮助了她。思想的丰富要靠阅历，做妈妈的阅历丰富了她的人生，让她的人生更有意义，这种快乐是任何人都无法给予的。一切尽在不言中，一切尽在母亲这个名称里。

7.3　陪伴让我们彼此更坚强

很多时候，我们必须勇敢地承担起自己的责任。面对困难，只有自己可以帮助自己。

盈盈妈妈的一句话，让我明白了什么是父母的责任——"我是她妈妈，我不管她谁管她？！"

盈盈三年级的时候，期末考试数学得了47分，语文得了52分，英语得了64分。面对这个成绩单，我想任何一个母亲都会有一种绝望的感觉——孩子已经有两科不及格了，这可怎么办呀？家长会结束的时候，各科老师都要求盈盈的妈妈留下来，要和盈盈的妈妈谈一谈。谈话的主题只有一个：孩子的成绩太糟糕了，作为妈妈要想办法。

一个老师管着两个班八九十个孩子，能有多少精力分给盈盈呢？更何况每个班里都有像盈盈一样的孩子，都需要老师的帮助。老师的话是诚恳的，但是对于妈妈来说，老师的话又传递出盈盈无望的信息，而这种信息对妈妈来说就是绝望。

到底该怎么办呀？妈妈手里拉着九岁的盈盈，她自己也找不到问题的答案。盈盈出生后基本上由爷爷、奶奶照顾。妈妈下班时间比较晚，到家都要七八点钟了，一直以来盈盈的老师让签名妈妈就签名，老师让交回执妈妈就交回执，可是妈妈从来就没辅导过盈盈，妈妈觉得："小学的功课还用辅导吗？"今天她知道了小学的功课盈盈也会不及格，看着即将落下的太阳，妈妈特别想哭，她内心呼喊着：谁来帮帮我的孩子呀？

　　答案只有一个：她自己！

　　从这一天开始，盈盈妈妈就和单位的领导商量，调整了自己的工作时间，妈妈可以六点就到家了。

　　盈盈的第一个学习障碍是记不住字，所以她的试卷上满篇的空白、错别字。比如第一题看拼音写汉字有十六个字，莹莹错了七个。别的小朋友一个字写三四遍就会了，而盈盈读完好多遍，又抄了两行，听写还是不对。妈妈只能又让她抄四行，再听写，虽说有进步，但还是有错。妈妈也没有其他的好方法了，只能陪在盈盈身边，鼓励她，告诉她写会了考试就能及格。盈盈也渴望自己的成绩能够好起来，所以只要妈妈说这样多写可以及格，盈盈就头也不抬地继续写。所以盈盈光写字就要用上一两个小时，而妈妈就要在盈盈身边陪伴一两个小时，盈盈累的时候，妈妈会帮助盈盈拍拍后背，帮盈盈捏捏小手，鼓励她再坚持一会儿。

　　第二天，盈盈还是会忘了很多写过的字，妈妈就把她忘记的字制成小卡片，先让她一个个地认，会的放一起，不会的放一起。不会的妈妈再想办法给生字的后边画上图画，图画的内容都和生字有关。妈妈的绘画水平并不高，但是妈妈画的盈盈都能看得懂，而且采用这样的方法，盈盈记住的字更多了，只不过盈盈还会忘。妈妈每天坚持让盈盈读、认、写、听、默。一段时间后，盈盈在学校的听写成绩由"不及格"上升到了"良"，偶尔盈盈还可以做到全对，老师开心极了，表扬了盈盈，也告诉盈盈妈妈孩子的进步，表示妈妈管和不管孩子差别很大。盈盈妈妈则更加坚定了自己的想法：我不管她，还有谁会管她？

盈盈的第二个障碍是数学的解决问题，卷子上六道解决问题，盈盈只对了半道。盈盈读不懂题，她不知道"每本书12元，3本书一共多少元"要用什么方法计算。一年级的时候不是减法就是加法，盈盈还可以蒙对一半，但是现在学了加、减、乘、除四种方法后，她总是蒙错。妈妈按照老师说的，让盈盈多读几遍题，盈盈读了五遍，还不时用眼角偷看妈妈的脸，因为她知道她蒙对的时候，妈妈会笑。可是盈盈还是不懂，这可怎么办呢？妈妈就把盈盈做错的题一道题抄一页，然后又在下边写五道只是数字变了的相同的题目。她让盈盈仔细记住题的样子：有两个数字，一个是一份是多少，一个是几份，这就是乘法。妈妈还找来相同的三本书，用书摆给盈盈看，盈盈似乎懂了妈妈的意思。自己再做的时候，如果是四本书，她就自己摆四本。第二天妈妈干脆买了很多相同的东西，买三箱牛奶、十个洗发液、二十卷卫生纸、十管牙膏，等等。题目中常出现的一些数量，妈妈就给莹莹大量地买来。盈盈有了这些物品的帮忙，做题的正确率果然提高了很多。后来，妈妈觉得这些东西过于笨重，又和盈盈一起，把它们画在卡片上，盈盈对这样的学习很感兴趣，一边和妈妈画，一边和妈妈比赛看谁画得又美又快。

盈盈每天睡觉时，妈妈都会把盈盈做错的题从头到尾再抄两遍，一个是让她明天做，一个是让她过两天再做。几天下来，盈盈妈妈就用掉了几个数学本，盈盈也做了几百道题，每天都要学习到十点多钟。

盈盈的数学老师告诉盈盈妈妈，盈盈上课做题有了很大进步，有的时候能自己独立做对四五道题了。妈妈高兴极了，盈盈也高兴极了。妈妈再次拉着盈盈的小手，和盈盈彼此打气："盈盈，妈妈知道你很辛苦，每天写很多的字，我们再一起努力几天就考试了，你一定可以得到一个好成绩。"盈盈歪着小脑袋，和妈妈说："盈盈不辛苦，我很愿意和妈妈一起写字，我一定可以得一个好成绩的。"

盈盈学校组织去游玩，在旅游景点，盈盈用妈妈给的二十元钱买了一个八元的戒指，两个五元的手串，一个两元的耳刮勺。老师看到了，心里有点不屑，别的小朋友都是买零食饮料、小玩具，盈盈买这些东西，怎么就知道臭美呢？回去的车上，盈盈坐在老师的旁边，手里紧紧地攥着这几样东西。老师让她把东西放到书包里，盈盈说戒指是送给妈妈的，手串是送给爷爷、奶奶的，耳刮勺是送给爸爸的。这一瞬间，老师被深深地感动了，盈盈有着一颗多么美好的心灵呀，她的内心里只有妈妈、爷爷、奶奶和爸爸，而没有她自己。盈盈还告诉老师，现在每天妈妈都帮助她学习，她非常高兴，自己要更努力，要不就对不起妈妈了。

孩子的话很朴实，但却沉甸甸的。正是盈盈妈妈每天陪着盈盈一起学习，让九岁的盈盈学会了感恩，让孩子不仅不觉得辛苦，反而觉得这是一种最大的幸福。陪伴给予这对母女什么呢？

首先，孩子感受到了家人的呵护，陪伴温暖了孩子的心，教会了她感恩。九岁的盈盈懂得了回报，拥有一颗善良的心，这和妈妈每日的陪伴是分不开的。盈盈妈妈做到了，所以盈盈学会了爱和被爱。

第二，盈盈妈妈体会到了做妈妈的艰辛和价值。孩子需要的不仅仅是丰厚的物质，更需要情感的滋养，需要来自父母的关爱。盈盈妈妈陪伴孩子确实辛苦，需要付出更多的劳动和精力，但正是因为这种付出，她收获了孩子在学习上的进步，她收获了孩子给予她作为母亲的肯定和爱，她感受到了作为母亲的意义和价值。

盈盈小学毕业的时候，语文得了85分，数学得了96分，英语得了98分，成为学校老师心目中的"奇迹"女孩儿。

7.4　讨论，让我们有机会把自己的人生经验传递给孩子

你相信吗？交流可以让我们发现另一个自己。

小烨今年六年级了，个子已经和爸爸一样高，而穿的鞋子却比爸爸的还大了两个码，妈妈总是开玩笑，以后不用给爸爸买鞋子了，就穿儿子剩的。小烨的钢琴已考过了九级，英语、数学也获得了一大堆证书。他喜欢滑雪、游泳、潜水，冬天只要有机会，一家三口就会在雪场泡上几天。因为爸爸是东北人，从小就对雪有着天然的适应性，所以小烨算是跟着爸爸在雪场学习的走路。

小烨的爸爸是一家大企业的中层管理者，平时工作很忙，开会出差是常事，但小烨从小到大都没有和爸爸真正意义上地分开过一天。因为爸爸即使出差，也会每天准时在八点半的时候和小烨视频。

"爸爸，老师今天交给我一个新的任务。"

"是吗？什么任务？"对于儿子的话，爸爸总是兴趣盎然。

"现在我们班很多同学都带手机上学，老师要针对这个现象，召开班级辩论会。"

"真的吗？你打算参加吗？"爸爸充满了好奇。

"我当然想参加，我们第一次召开辩论会，但是老师说我不能参加。"

爸爸表现得异常惊讶："为什么？"

"老师说让我来主持这次辩论赛，所以我不可以参加。"

爸爸的表情开始放松，高兴地说："那是老师信任你，他相信你有这个组织的能力。"

小烨听爸爸这样一说，自己也变得高兴了："我也是这样认为的，这是我们第一次组织辩论赛，很多东西我都不懂，刚才回家就看了很多辩论赛的视频，原来辩论赛和我们平时争论一点都不一样，什么正方、反方，一辩到四辩……"小烨滔滔不绝地说着他一晚上看视频的心得。小烨爸爸在另一头津津有味地听着，时不时还配合不同的面部表情，有疑惑、有赞许、有敬佩、有尴尬，丰富得可以制作一系列表情包了。多少年下来，小烨已经习惯了爸爸这种丰富的表情，他也通过爸爸的表情变化来判断自己的对错，爸爸的表情比书本上的任何一句话都要宝贵。

小烨喋喋不休地说了很多，似乎把自己所知道的都说完了，爸爸开始接过对话的接力棒，说道："小烨，你知道吗？爸爸当年上大学的时候就是学校辩论社的社长，我主要做二辩。"小烨听到这里，立刻表示出惊讶："真的吗？您还做过辩手？"

"当然，你以为你老爸是个虫呢？"

"哈哈，不可能，我老爸在我心里就是个神。"

接下来，小烨的爸爸把自己在大学辩论社做的几场精彩的辩论，详细地讲给小烨，把组织过程中可能会遇到的问题也一一分析给小烨。小烨听了爸爸的话茅塞顿开，明白了一场辩论赛的背后都需要做哪些工作，对如何做好主持人，思路也愈来愈清晰了。不知不觉小烨和爸爸聊了快一个小时了，妈妈催小烨睡觉，爷俩儿才下了线。

小烨与爸爸这样的线上交流有很多，正是通过这样一次次的交流，爸爸把自己人生的经历都分享给了儿子。

只要爸爸不出差、不开会，他一定会准时到家，从回家的那一刻起就和小烨一起分享学习的快乐。小烨练琴的时候，爸爸会安静地坐在钢琴的一侧，闭着眼睛欣赏，爸爸没有专业学过钢琴，还没有小烨懂得多，但是爸爸知道好的音乐可以让人陶醉。听儿子弹奏就是一种精神享受。他闭着眼睛，完全沉浸在一个美好的世界里。小烨每每看到爸爸这副享受的神情，就会弹得更加专心。他会因为自己的一个错音而感到自责。爸爸会鼓励他说："没关系的，只有弹错了才会知道正确的音有多动听，没有比较怎么会知道成功了呢？"听了爸爸的话，小烨即使弹错了，也异常地有自信，沉着地继续弹奏。

爸爸最爱陪儿子一起做数学题。爸爸是理科生，不喜欢小烨做题的时候"规规矩矩"的，小烨做完一道题爸爸就会把眉毛拧得紧紧的，想了又想后才会问小烨："你怎么想的，还有其他的想法吗？"原来爸爸刚才是在思考其他的解题方法，要自己先找到了，才会和小烨谈话。小烨只要一听到爸爸这样说，就知道自己的想法不是最佳的，还有更好的解决方法。然后小烨就开始把自己的想法说给爸爸听，爸爸听得比听下属做报告还认真。每次小烨一说完就会主动问："爸爸，您的想法是什么，咱们俩探讨一下。"接着爷俩就会用各种方法论证各自的观点，有的时候俩人为了争论一道题，会在纸上画了又画。正是这样认真研讨的学习方式，让小烨的数学思维总是很活跃，他在班里想问题总是比别的同学深入和缜密，方法多样而且灵活。

正是爸爸这样长年用心的陪伴，小烨得以健康成长。爸爸在小烨的成长道路上既是父亲，又是思想的导师、行为的引导者。爸爸的陪伴给予小烨很多有用的人生方法，也让爸爸收获了儿子的尊重、仰慕和爱戴。

那么，到底什么是真正的陪伴呢？

第一，真正的陪伴不是时时相守。很多父母以自己工作忙、事情多、没时间作为不陪伴孩子的借口，所以他们陪孩子的时间很少。这是一个误区，其实只要心里有孩子，陪伴的方法多种多样，有的时候一条微信都可以让孩子感受到母爱如水、父爱如山。小烨的父亲懂得在孩子成长的道路上"父亲"这个角色对儿子的重要性，所以他把孩子的事情放在了最重要的位置，和孩子每天通话、视频，但是沟通的内容不是"吃了吗""睡得好吗"，而是和儿子进行深层次的沟通。只有这样的沟通，才会让孩子觉得有用，也才会让孩子觉得重要，愿意和父母透过屏幕交流。

第二，真正的陪伴会让孩子逐渐地确立人生方向。小烨的爸爸在小烨遇到困难的时候，能根据自己的经验给予小烨正确的引导，这样的陪伴才有价值。爸爸总是不断地鼓励小烨，不断地给予他指点，而不是空洞地赞美他，更不是无休止地指责他。对于孩子来说，只要你尊重他，他就会把你放在更高的位置上。

第三，真正的陪伴是代代传习。每个人都有优点，那么父母怎么把自己身上的优点传递给自己的孩子呢？这不仅仅是靠带着孩子去长途旅行，更不是靠着父母用言语去呵斥，而是靠着父母的智慧和陪伴。在陪伴中，父母要勇于表露自己的优点，很多父母都羞于在孩子面前夸奖自己，可是不说孩子又怎么知道，不知道又怎么学习呢？好的东西就要传承，这不是卖弄，是生命智慧的传习。小烨的爸爸懂得这点，所以他在小烨面前从来不遮掩。

7.5　孩子让我成为更好的自己

有一个很古老的问题，一直引发人们的争论：世界上到底先有鸡，还是先有蛋？辩论让我们懂得，任何事情都有两面性，陪伴孩子成长这件事也一样。对于父母和孩子来说，在陪伴的过程中，谁付出得多，谁收获得多呢？我个人认为这是一件双赢的事情。对于孩子来说，在成长的道路上有人保驾护航，会使他们每一步都走得更正确和自信。而与此同时，父母在陪伴孩子的过程中，也有了一次重新体验人生的机会。所以孩子也好，父母也罢，在陪伴的道路上都是收获者。

小嘉今年已经升入大学了，在他十八岁生日的时候，爸爸为他准备了最新款的刮胡刀作为生日礼物，在小嘉吹灭十八岁的生日蜡烛的瞬间，爸爸好像看到了孩子从出生到现在走过的每一步。在爸爸三十岁的时候，小嘉来到了他的生活里。如今小嘉已经十八岁了，个子比爸爸还高，对爸爸来说，小嘉让他的人生丰富了很多。

小嘉五岁起学习英语。爸爸是高中学历，英语水平有限，所以陪着小嘉学习英语对爸爸来说是个不小的挑战。

每周六上午八点，爸爸就要带小嘉去英语补习班。因为孩子太小，老师要求父母坐在教室后面陪读，因为这样可以帮助孩子记录课堂笔记。爸爸总是担心自己的水平太低，所以老师说的每一句话他都要努力记得清清楚楚的，甚至用录音笔录下一些单词的发音，小嘉不会发音时，就可以放给他听。小嘉每次上三节课，十点半才下课，爸爸就要一直在学校陪伴小嘉学到十点半。

因为老师说，每天回家都要跟听、跟读英语磁带不能少于五遍，所以爸爸每天不仅监督小嘉听，自己也竖起耳朵跟着儿子使劲听。爸爸已经过了听力训练的最佳时期，很多时候还没有小嘉听得准。有的时候小嘉听三四遍就能跟着读了，爸爸自己还要听上七八遍，因为他担心自己不能听出小嘉的错误。小嘉的作业，成了爸爸的学业。

每天早晨一起床，爸爸就把录音机打开，因为英语老师说，英语的学习需要有良好的听力环境。在陪小嘉踢球的时候，爸爸如果想到了哪个和课堂相关的单词，就会用英文和小嘉说，尽管爸爸的英语发音真的太难听了，但是为了小嘉，爸爸不怕丢脸，更不怕被别人嘲笑。

小嘉虽说不是班里最聪明的，但是小嘉的单词量却是最多的，小嘉也是最敢于和老师对话的。小嘉的爸爸在心里给小嘉竖起了大拇指。而爸爸的英文水平也上升到可以用英文进行简单的对话了。后来他们一家三口到英语国家旅行，爸爸居然可以用英语和当地人打交道了。

爸爸的字写得不够漂亮，所以在小嘉上一年级的时候，爸爸给小嘉报了书法班。小嘉那个时候个子很小，所以每次准备纸墨都是一件很困难的事情，爸爸就帮助小嘉把比他的身高还长的纸铺好。小嘉的书法老师是一位非常有名的书法家，爸爸对此感觉特别荣耀，逢人就说："小嘉一定会写一手漂亮的字！"

每周日下午的一点到三点，小嘉就要到老师家里去学习书法，在这期间老师给小嘉讲课，爸爸就像一棵松树一样立在书桌前。老师讲"点"时，会把各个书法门派的"点"的特点都说一遍，爸爸就知道了书法有哪些字体、哪些门派。老师在教小嘉写某一个字的时候，老师会把这个字从甲骨文讲起，把字的出处、含义介绍得非常清楚，爸爸因此记住了很多历史典故，更从每一个中国汉字中看到了中国文化的魅力。老师在点评小嘉作业的时候，会指导小嘉用笔，告诉他汉字的间架结构，还会讲到历史上很多书法大家是怎么练习书法的。爸爸对那些只有在电视和书本上才看到的人物又有了新的认识。老师指导小嘉完成一幅作品的时候，会从不同的篇章布局，谈到很多做人的哲学，从书法的浓淡、留白讲到很多美学的知识，爸爸又丰富了自己的人生哲学。

小嘉后来学习萨克斯也是爸爸全程陪同的，这些都是以前爸爸根本不可能接触到的东西。这十八年来小嘉在一天一天地成长，爸爸却在一天一天地老去，小嘉学会了很多的本领，爸爸的人生也得到了丰富和提升。这十八年来，小嘉学了什么，爸爸最清楚，他可以很详细地讲解每一项需要注意的事项，他可以很完整地讲述每一种学习的体系和方法。

在爸爸陪伴小嘉的过程中，爸爸到底收获了什么呢？

第一，被动的学习也是一种学习，可以提升一个人的内涵。陪伴孩子学习的过程可以说是父母人生的第二次学习机会。从孩子的启蒙阶段开始,陪伴孩子学习的父母同样也可以开启一段新的学习之旅,因为活到老学到老,生命才更加丰富。在陪着孩子学习的过程中,孩子有收获,父母同样可以获得很多。

第二,可以增强和孩子的情感融合。在陪伴的过程中,父母了解到孩子学习道路上的得与失,真切地感受到孩子学习的不易,更加懂得珍惜孩子获得的点滴进步。这样有利于父母理解和尊重孩子,促进父母和孩子之间的情感关系,也更利于家庭的稳固。

第三,可以让父母重新认识自己。很多人不是没有潜能,而是因为没有机会将自己的各种潜能开发出来。在陪孩子学习的过程中,父母重新认识了自我,于是让各种不可能变成可能。比如有些父母觉得自己没有耐性,可是陪伴孩子时却耐心十足;有些父母觉得自己没有绘画天赋,但是陪孩子的过程中却会点评孩子的作品。在陪伴过程中,孩子会给父母很多惊喜,父母也会开启全新的认识自我的历程。

附录：敲黑板！

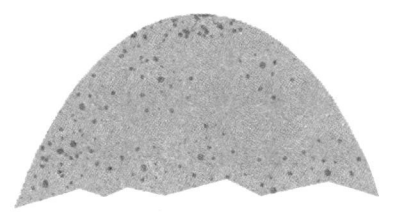

把孩子陪成学霸的
独家方法与窍门

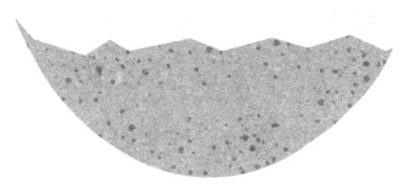

如何辅导语文

《孙子兵法》上说：知己知彼，百战不殆。只有了解孩子在学校学了什么，父母才可以更好地在家里帮助孩子对学校学习的内容查漏补缺。

在小学阶段，孩子的语文学习内容分为：识字与写字、阅读、习作、口语交际和综合性学习。学校在考核的时候，会从三个模块进行考察：语言的积累、理解与运用、习作。

语文老师在布置作业的时候，也是根据这几个模块进行的。小学六个年级，从大的方面可以划分为低年级和高年级，低年级即一到三年级，高年级即四到六年级；也可以进行更细致的划分：低段是一、二年级，中段是三、四年级，高段是五、六年级。

每个年级知识的侧重又有所不同，低年级以识字和写字为主，所以低年级语文课文的数量要远远多于高年级，一、二年级一本教材有五六十课，目的就是让孩子在不同的情景中多见识生字，多积累生字，从而用最短的时间达到基本阅读的标准，也就是认识常用汉字。到了中年级，随着识字量的增多，孩子们已经可以自主阅读一些短小的读物了，所以他们学习的主要目标是理解别人话语的含义。

语文简单地说就是"语"和"文"，所谓"语"就是说出来的话，所谓"文"就是写出来的文章。孩子可以借助阅读，一方面理解别人说话的含义，另一方面提升自己说话的能力。到了高年级，学生在中年级积累的阅读方法，已经可以应对篇章阅读了，所以孩子在小学五、六年级后的阅读水平，已经等同于成人的阅读水平。只不过因为学生的社会阅历不够，对于很多领域，他们的理解还是有困难的，但是如果是他们熟悉的领域，他们就可以顺畅地进行阅读。而与此同时，借助文字的表达，即习作，已经成为高年级学生的知识重点。

我们了解了每个阶段的学习重点之后，再辅导孩子的作业，目标就更加清晰了。

一、二年级家庭作业的辅导方式：

特别是对于刚入学的一年级小朋友，保护他们的学习兴趣和养成良好的学习习惯同等重要。

（一）硬件准备

1.家具。给孩子准备一间属于自己的房间，房间陈设要尽量简单——床、衣柜。幼儿时期孩子用的五彩床、五彩的柜子，建议尽量换成白色、绿色、蓝色等简单的颜色，这些简单明快的颜色既可以让孩子保持良好的心情，也利于对孩子视力的保护。

2.写字台。要根据孩子的身高选取写字台。孩子坐在小椅子上胸要高于桌面，脚可以平放在地面上。桌面尽量要选择大一些的，不要因为孩子小就给孩子用迷你桌子，小桌子不便于学具的摆放，特别是用到大张画纸的时候更会受限制。不建议书桌上有任何其他物品，因为低年级小朋友的集中注意力持续时间短，任何物品都可以引发孩子注意力的分散，而且容易挡住灯光，不利于保护眼睛。

3.护眼灯。护眼灯的光照面积要足够大，亮度适中，暖色调的灯光更利于对眼睛的保护。

4.小书架。摆放书架的作用有两个：一方面是为了营造读书的氛围，培养孩子形成良好的读书习惯；另一方面是培养孩子注重整洁的习惯，让孩子将看完的书放回固定的地方。

一个人只有从小培养做事有序的习惯，长大了做事才会有条理。

（二）常规学习

低年级的同学因为身体发育的原因，还不宜长时间地学习，所以低年级的小朋友回家一般没有书面作业。孩子一入学，就要注意，好习惯的养成，我们不要在意孩子完成了多少，而要让他习惯这个模式。

1.洗手，喝水，衣物摆放整齐。良好的卫生习惯是必不可少的，孩子在学校学习一天，小手满是细菌，所以父母要在第一时间教会孩子用正确的方法洗手。很多孩子在学校和小朋友一起玩，总会忘记喝水，而孩子一天的活动量很大，孩子到家要及时补充水分，避免身体亏损或生病。另外，我们也必须要求孩子把换下来的鞋子自己摆放整齐。

2.记录作业。因为孩子还不太会写字，所以父母可以事先教给孩子一些简单的符号，来记录老师当天布置的任务。由于低龄儿童思维方式不同，他们对符号的辨识能力要高于成人。比如老师要是留了语文作业，可以让孩子自己规定一个代表语文的符号，父母要引导孩子简单化这个符号，比如可以在一个圆圈里写上一个"y"；数学作业可以在一个圆圈里写上一个"s"；英语可以在一个圆圈里写上"w"来代表；带水彩笔可以用一个小长棍来表示，等等。帮助学生在短时间内学会运用符号很重要，因为良好的记作业习惯，可以帮助孩子养成做事有规划的习惯。不要小看一个小小的记事本，它可以让孩子受用一生。

（三）每日读书

1.读语文书。低年级语文书的课文篇幅大多短小、生动活泼，很符合孩子的天性，非常受小朋友喜欢，很多孩子听一遍就可以背诵了。但是这样的读书习惯并不可取，不要把读书和背书混为一谈。读书的时候，最初可以要求孩子用手指着读，慢慢地，他们就会跟着字去读了。最初要求孩子用手指着读，是因为孩子注意力分配能力弱，他们会出现丢字串行的错误。这个时期，父母的陪伴非常重要。在陪伴的过程中，父母要观察孩子是否做到手嘴统一，到了后期，如果孩子的眼神可以随着阅读而移动，就不必要求孩子一定要用手指着读书了。

我们要求学生逐字地阅读，而不是会了之后就开始背诵。因为低年级小朋友是以识字和写字为学习重点的，每一次读书都可以和生字"见面"，反复见到这些生字可以增加孩子认识并记住它们的概率。事实上，很多孩子认识字不是通过课堂上老师的传授，而是从生活实践中获得的。读书也是一种生活实践，可以加大孩子的识字量，帮助使孩子能尽早单独阅读一本书。

　　每一篇课文都要让孩子读三到五遍。低年级的时候，我们要求孩子在读书的时候做到不丢字、不加字，能正确朗读就行。孩子只有在阅读多遍的基础上才可以形成这个能力。因为低年级孩子的注意力集中时间在十分钟左右，一篇课文读的遍数太多，耗时太长，反而会让学生注意力分散，甚至不喜欢阅读了。

　　2.读课外书。父母每天还要让孩子读课外书。良好的阅读习惯是从第一天认识字开始的，我的儿子两岁就开始阅读课外书了。在他幼年的时候，我们每天都会带他去图书馆，开始他不会读书，只会用小手在书上画来画去。他最初喜欢上的图书是迷宫类的，两岁的他就会用小手指在书上顺着箭头找方向，后来每周我们至少有一天陪他在图书馆度过，因为从小养成了读书的习惯，现在他上了大学还是每天都会看书。

　　很多父母给孩子选择课外书的时候，都以孩子的意愿为主，我个人认为在最初孩子没有完全的判别能力的时候，还是需要父母的引导。

　　（1）如何选择图书

　　①不要过厚。孩子的耐性要远远低于成人，选择的书太厚，孩子会不自信，可能中途就会放弃阅读。

　　②要有一定的插图。小孩子认识世界是从图画开始的，精美的图画更利于吸引他们的注意力。

　　③要有思想性。父母让孩子阅读的图书，自己一定要先看，看看一本书能够给孩子什么样的价值观和世界观。读书的目的，是为了增加人对

世界的判断能力，而不仅仅是为了看几个故事，知道一点知识，所以一本好书一定会传达一定的思想意义。

④百花齐放。我们要引导孩子什么书都要看，什么内容都要涉猎，如果单单只看一类书，孩子的视野就会很小，兴趣很单一，知识不丰富。科学类、文史类、文艺类、体育类、探险类……各种书籍都要给孩子看，培养他们对不同方面知识的兴趣，让他们从小就感受到世界的多样性，这对培养孩子的能力素养很有好处。

⑤尊重孩子的性别特点。男孩子和女孩子喜欢的图书会不一样，父母要根据孩子的性别、性格特点选择适合孩子的图书。

⑥要一本一本地选书。一下把很多书放在孩子面前是不好的，会让孩子觉得书很容易得到，阅读也会囫囵吞枣。

（2）读书的方法

①欣赏图书。对于小孩子来说，他对一本书发生兴趣，往往是因为书中的插图或者图书的制作方法，所以他拿到一本书一定是先左翻右翻，这是他们在和图书建立感情。让孩子摸摸图书，可以让他们初步感受图书的味道。

②读书。通常，小孩子读书会读出声来，因为他们还没有通过默读理解图书内容的能力。小孩子要到二年级才可以利用默读的方法理解文字传达的含义。所以孩子读书的时候，家里不要播放电视，要让孩子周边的环境比较安静。如果父母在身边，可以聆听孩子阅读，在他们读书的过程中，给予肯定的眼神，这对孩子的进步是很有帮助的。

③讲书。讲述图书的过程，一方面能培养孩子的理解能力，另一方面也可以培养孩子的记忆能力，最重要的是可以培养孩子的语言表达能力。很多孩子的语言表达能力弱，都是早期的语言训练不到位造成的。

④画书。一本书阅读完了，孩子的收获是什么？感受是什么？他们读懂了什么？还有什么更感兴趣的？小孩子不可能像大孩子一样通过写读后感的形式来表达，而且他们对图书的评价也就是好和不好。画画是最适合孩子们的表达形式，小孩子的绘画语言不受任何东西限制，他们总是想到什么就画什么，画的是自己最真实的内心世界，他们不会拘泥于高楼是长方体的、大海是蓝色的，他们可能画出红色的大海、绿色的海鸥、方形的饺子，他们就是充满了奇思妙想。在读完一本书后，父母可以让孩子画一画自己的感受。

比如他只画了书中的主人公，说明他对这个人印象深刻；比如他画了书中人物住的房子，说明他对家庭的渴望和喜爱……通过孩子展现出来的画面，我们可以了解孩子的内心世界。

（四）每日记录

语文成绩优秀的孩子，肯定具有高水准的写作能力。写作能力一方面源于天赋，比如有的人具有敏锐的观察力和洞察力；另一方面则源于后天的培养。很多人说只要多读书，就一定会写作，这二者之间有联系，但是并没有必然联系。读书多的人一般对文字都比较敏感，他们中的大部分人都具有很好的语感，词汇储备丰富。但是这还不是写作最需要的要素，要写出好文章，首先要有对生活的观察力，同时要具有总结生活的概括力、提炼生活的凝练能力。而训练这些能力的最好方法就是记日记。

记录的方法：

（1）从最低要求开始。小孩子刚走进学校的大门，有的连自己的名字还不会写，怎么会有写日记的能力呢？有的！孩子的语言和我们成人的语言不同，他们的语言是形象的，绘画就是他们的语言。今天心情很美，画一个小笑脸；明天心情糟糕透了，画一个小哭脸；后天和妈妈去超市买了一个大萝卜，画一个大萝卜……这就是对生活最原始的记录方法。这样做可以引导孩子去观察生活。一篇好的文章能够打动人心，打动了人心就会有相应的反应，从而让孩子感受生活给自己带来的幸福、忧伤和快乐。

（2）逐步地走向文字。当孩子学会了拼音，学会了一个汉字，就要引导他用拼音和文字，甚至是拼音、文字、图画的混合体来记录，不要过多地限制孩子记录的内容，也不用过多地干预孩子记录的方式。作为父母，我们要知道，任何一件事对于小孩子来说都是刚刚开始，如果这时父母过多地干预孩子，就会让孩子产生畏难情绪，让他们的自信心受到伤害，从而对这件事失去兴趣。保护孩子的兴趣，比孩子能写出优秀的日记要重要得多。

（3）引导孩子表达心情感悟。心情不过是"喜怒哀乐"几个方面，孩子做每件事的背后肯定都传递了某种心情符号，我们要引导孩子表达出来。只有这样，今后写出的文章才不空洞，才有感人的元素。

（4）父母给予评价。互动是家庭教育中不可缺少的一个环节。大多数孩子都具有表现欲，他们的所言所行都渴望得到父母的关注，他们比成人更期望得到肯定和赞美。孩子记录完心情故事后，父母可以及时回应孩子，比如妈妈很高兴，就画一个高兴的符号，写上高兴两个字，画一个感叹号。第二天，孩子也会用这两个字来表达心情，而且对感叹号超级感兴趣。因为孩子的模仿能力要高于成年人，另外他们对新鲜事物更感兴趣。爸爸、妈妈是孩子的第一任老师，爸爸、妈妈做什么，孩子就喜欢做什么，并且希望自己能够成为爸爸、妈妈一样的人，这就是为什么有很多家庭世代都做同一类工作。

父母的评价要具有引领的作用。父母的评价要体现出一种你要让孩子学习什么的想法。但是每天要做的作业不可以太多，小孩子一天学习三个生字就是最高极限了，所以要尊重孩子的学习曲线，才会有所收获，不要给孩子提出过高的要求，避免孩子达不到，打击孩子的积极性。

父母可以用贴画的方式来和孩子互动。小孩子都超级喜欢贴画，只要看到贴画，他们就格外地开心，父母用不同的贴画和孩子交流也是不错的方法。

（五）知识作业

孩子的手指肌肉还不够发达，所以动笔写字的时间不可以太长，要求不可以太高，但是一定要让孩子注意以下几个方面：

（1）标准要严。对于孩子来说，严格的要求很重要。教科书就是最好的标准，教科书是老师和学生共同的老师，教科书中"横"写在什么位置，就要写在什么位置；教科书写的是几声调，就要写几声调。如果一个孩子可以把教科书克隆出来，那么他一定是一个非常优秀的孩子。父母不能根据自己的喜好更改这一标准，因为低年级的时候主要是写字的练习。

①字的笔顺。笔顺是低年级孩子学习的重点和难点，每一个字的笔顺可以让孩子照着书描着写，也可以在空中空写大字。父母也可以用猜谜的形式教孩子。比如：这个字有三笔，第三笔是横，那么这可能是什么字呢？也可以用问答的方式引导孩子：大字有几笔，第三笔是什么？

②字的结构。中国的汉字分为独体字与合体字，独体字都是由笔画直接构成的，合体字是由不同的偏旁构建而成的。让孩子说说字是怎么记的，掌握了字的书写规则，就可以记住更多的字。

③字的读音。中国汉字之所以难，是因为字形多、字音多。父母可以和孩子一起做游戏，父母说字音，学生找字形，或者父母出字形，孩子读字音。字形和字音不要在一张图片上，可以在一张图片的正反面。

④字的应用。让孩子把学过的字组词，鼓励激发孩子在生活中寻找相应的词。

（2）配合老师。老师的地位不可动摇，父母重师，孩子才会尊师，才可以学习到更多的知识。对于孩子的教育，老师是最专业的人，按照老师的要求完成各项作业至关重要。

（3）灵活使用各种学具。用尺子画线，不要觉得这是一件简单的事，对学生来说，这是必须要掌握的本领。又快又好地使用削笔器，保护好橡皮、铅笔，这些都是必需的基础训练，有了这些训练，就可以提高今后写作业的速度。

三、四年级学生作业的辅导方式：

（一）基础知识

（1）字形记忆。和一、二年级不同的是，三、四年级生字已经不是学习的难点了，但依然是学习的重点。经过两年的学习，每个孩子所表现出的对生字的识记能力有很大的差异。有的孩子记忆能力强，可以很快地记住生字；有的孩子对符号记忆能力弱，记汉字字形就很困难；有的孩子天生就有字形记忆障碍，这就需要寻求专家的帮助。我们要根据自己孩子的学习能力，有侧重地加以辅导。

一般来说，记汉字的常规方法有以下几种：

①加一加、减一减、换一换，利用老师教的基本识字法进行识记。

②语境还原法。在文章的语境中指导记忆，这是使孩子记忆最深刻的一种方法。

③字形联想法。小孩子的想象力很丰富，可以根据字形让孩子想象图片，根据图片的内容讲故事，加以记忆。比如："羊"就容易让孩子把它想象成一只真实的羊，上边的"点""撇"是羊的两只角，中间的"三横"是羊的肚子，"竖"是羊尾巴。

④字形讲故事法。小孩子可以根据字形，借助联想的方法，把字改编成某个容易记忆的小故事、小歌谣。比如："解"字就可以想成"我有一角钱买了一把刀，宰了一头牛"。

（2）日积月累。

①词语积累。成语是我们中国文字的瑰宝，根据成语又有了特殊的四

字词语。成语和四字词语的种类有很多，我们可以有计划地帮助孩子对这些成语或者四字词语进行积累。这些词语都分散在每篇课文里，父母在让孩子预习的时候，可以有意识地督促孩子把这些特殊形式的词语摘录出来，加以积累。

但是单纯地记录词语对于孩子来说，遗忘得比较快，最好让这些词语频繁地出现在孩子的生活中，让孩子经常使用，比如可以让孩子用这些词语造句、写短文，这样的应用才有价值。在积累之前，一定要借助工具书了解词语的确切含义。现在的孩子不会应用词语的主要原因是不知道词义。所以很多人开玩笑说"把词典背下来语文就没有问题了"，这还真的不是玩笑，因为词典对词语的解释是最完整的，孩子们之所以基础知识不扎实，主要问题是现在孩子的生活相对单调，平时使用词语的机会太少。如果加强词语的使用率，词语自然就丰富起来了。

很多父母喜欢和孩子玩词语接龙游戏，这是一种很好的词语积累的方法，既增强了亲子感情，又能让孩子在娱乐中学习。

②句子的积累。句子的积累可以分为名言警句、古诗词、谚语俗语，无论是哪种积累，最终都是为了应用。鼓励孩子每天背诵一首古诗，每周了解一位名人，知道他的一句名言……这样的学习方法都会促进这方面的积累。

（二）现代文的阅读

很多孩子的阅读成绩非常糟糕，父母为此很着急，于是买本练习册让孩子大量地做题。这种方法好不好呢？虽然有一定的效果，但并不是最好的方法。

（1）造成孩子阅读能力不好的原因，有以下几个方面：

①教师水平有限。一名优秀的语文老师对文章阅读的深度和广度都要超越一般的老师。优秀的语文老师可以给孩子营造让人享受的课堂氛围，但是一般的语文老师就无法深入地感受作者要表达的情感，同时传递给孩子的阅读感受就不够深入。

②孩子有阅读障碍。就像有的人不会唱歌，有的人不会跳舞一样，有的人感受、理解文字的能力弱、语感差，阅读就有一定的困难。比如写作中常用的"一语双关"的用法，有的孩子就是看不到语言背后所要表达的内容。

③阅读习惯不好。阅读习惯是在长期学习中慢慢培养出来的，比如有的人一看文章就必须要手里拿着铅笔随时标注自己的感受，这就是具有良好阅读习惯的人。但是有的人在读书的时候会一目十行，从来不品读文字的含义，这就是囫囵吞枣的阅读，属于不好的阅读习惯。

④缺乏明确目标。有的孩子把学习当作一种负担，做什么事情都不深入，流于表面。他们做事情以做完为标准，而不是以做好为目标。

（2）阅读的简单方法。

阅读也是有规律可循、有方法可用的，而不是全部都凭感觉来完成的。

①把文章进行分类。不同的文章，阅读的方法不同。拿到一篇文章，先要判断文章的类型：是说明文？是不连续文本？还是什么其他类型的

文章？阅读时，要根据不同文章的类型采用不同的阅读方法。比如阅读说明文，重点是了解作者用什么样的说明方法，讲出了说明对象的什么特点。

②对常考题型的归类。父母协助孩子做好常见考题的形式归类，是一件非常重要的工作，只有了解了考试的形式，才可以在形式中通过对比、观察、总结发现同一种题型的规律，有了规律再进行训练就可以事半功倍。

③建立答题模型。工业化生产在产量上之所以超越手工作坊，是因为它采用了相同的模型构建，阅读题的解答也是可以建立"模型"的。父母可以帮助孩子搭建解题的模型，通过反复的练习，达到熟能生巧的目的。

（三）习作

如果孩子们可以天马行空地自由写作，肯定不会觉得有什么困难。但是老师给了一个固定的题目后，就变得很难了，这是为什么呢？

1.审题难。不会审题是孩子觉得习作困难的主要原因。很多孩子在拿到题目后看不懂，或者说是看不进去，他们不明白题目给定的范围，需要选择什么样的素材。这和父母们过多包办孩子的事情有一定关系。因为父母代孩子做了太多的事情，一旦需要孩子自己分析解决问题，他们会有畏难情绪。

2.选材难。孩子脑子里没有事情可写。很多父母感到很奇怪，每年都要无数次地带孩子出国、自驾游，真的是上天入地了，怎么会没有事可写呢？

误区一：旅行等于素材。很多孩子去旅行，但是并没有"真正地"去旅行。比如我有一个朋友非常喜欢自驾游,每年他都要带着自己的女儿走遍半个中国。孩子从出发的那一刻开始,坐在后排反复做着三件事:玩手机游戏、吃零食、睡觉。中途休息,小孩又有三件事情要做:玩手机、找美食、睡觉。到了终点,孩子还是有三件事要做:玩手机、配合父母照相、吃饭。从头到尾,孩子虽在旅途,却并没有好好欣赏沿途的风景。这样的旅行,并不能成为孩子习作的素材。

误区二:娱乐等于素材。很多父母还会说,每周都要带着孩子滑雪、打保龄球、骑马……怎么会没有事情可写呢?要让这些娱乐项目成为作文的素材,孩子们就需要从娱乐中提炼出作文所需要的事件,而孩子在娱乐的过程中关注更多的是玩本身,没有去思考"我玩了什么?我怎么玩的?这个玩让我收获了什么?"没有提炼,就不能深入地思考,没有思考的事件就没有灵魂,没有灵魂的事件是无法通过文字呈现出来的。

3.写字难。一篇作文不管是三百字,还是六七百字,对于学生来说,把一个个字排列出来真的是一件又累又苦的事。

小文妈妈每次让小文写作文,小文都是数着字写,只要字数够了,就立刻结尾。

我们在辅导孩子作文的时候,可以用以下几种简单的方法:

(1)观察法。对于中年级的学生,主要是培养他们的观察能力,到了高年级才会重点培养他们感悟生活的能力。升入三年级后,训练孩子的观察力尤为重要。我建议父母在家中多养些植物和小动物,也可以过一段时间更换一下家里的小摆件,为孩子提供一个可以观察的环境。

①观察法最重要的原则就是顺序。无论是从上到下，还是从外到里，孩子懂得有顺序地观察，才可以写出有条理的作文。

②亲情的融合。即使你把家里变成了动物园，有些孩子也不会留意，那么父母就要做个有心人，引导孩子观察。

③观察加法法则："看到＋想到＝具体"。看到，就是孩子能够直接用双眼感受到的；想到，是孩子看到这个东西，头脑中的反应和想法。只有这样训练，才可以让孩子把事物描述清楚。我们也可以把这个原则扩大为"摸到＋想到＝具体""闻到＋想到＝具体"等。写作文不是单纯看到了什么，而是心里感受到了什么。一百个人从同一个角度看同一棵树，看到的不会有太大的差异，但是这一百个人内心所想到的却会千差万别。所以，要想让孩子写出一篇好的作文，关键是激发孩子的想象力。只有长期坚持这样的练习，孩子的语言表达力才会变强。

（2）造句法。作文是由许多句子组成的，孩子不会写作文，是因为孩子不会写句子。从小学一年级开始，孩子就开始学习写句子了，到了二年级已经可以写上几句话了，到了三年级就可以写上一段话了。所以写句子是写作的基础。我们可以让孩子每天用词语造句，可以是一个词，也可以是几个词。会写句子的孩子，写作文就要容易得多。

（3）结构法。如果是一个著名作家写的文章，我们更加欣赏他的创意，但是对于一名小学生来说，我们就要从最基础的训练开始。对于孩子来说，最简单也容易掌握的结构就是总分总结构，当然衍生出来的还有总分结构、分总结构。

（4）活动法。孩子之所以没有事件可写，是因为孩子们每天的生活真的是太单调乏味了，即使有的时候去旅行，也是走马观花。要想让孩子有事件可写，父母就要为孩子"造事"，比如爸爸、妈妈陪孩子一起做一次饭，陪孩子一起刷一次马桶，陪孩子一起整理一次厨房，等等。

如何辅导数学

小学数学教材的编写分为四个模块：数与代数、空间与结合、式与方程、统计与概论，每一册的教材都会涉及这几个模块的内容。

随着孩子年级的升高，知识的难度也会逐步提升。比如空间与几何部分，在一年级，知识为认识长方体、正方体、圆柱体、球，但是没有对它的特征等进行深入的探究。可是为什么把"面"放在"体"的后边呢？在儿童的世界里，现实生活是三维的，所以三维更容易被孩子理解。任何知识的建构都要遵循孩子的年龄特点，这是教育的实质，我们不能做不符合规律的事情，否则就会遭到抵抗。我强调这一点是告诉父母我们必须尊重科学，而不能背道而驰，否则就是对孩子最大的伤害。

为了跟上时代的步伐，父母不可以用传统的思想来评价今日的数学学习。

（一）数学课堂学习的核心是什么

学生的应用意识和创新意识是数学课程培养的 重点。学生的数感、符号意识、空间观念、几何直观、数据分析观念、运算能力、推理能力和模型思想是促进数学课程学习和数学思想形成的原动力。

1.数感。数感是对数与数量、数量关系、运算结果估计等方面的感悟。建立数感有助于学生理解现实生活总数的意义，理解或表述具体情境中的数量关系。

2.符号意识。能够理解并运用符号表示数、数量关系和变化规律，知道使用符号可以进行运算。

3.空间观念。根据物体特征抽象出几何图形，根据几何图形想象出所描述的实际物体；想象出物体的方位和相互之间的位置关系；描述图形的运动和变化；根据语言的描述画出图形等。

4.几何直观。利用图形描述分析问题。借助几何直观可以把复杂的数学问题变得简明、形象，有助于探索解决问题的思路，预测结果。几何直观可以帮助孩子直观地理解数学，在整个数学学习中都发挥着重要的作用。

5. 数据分析观念。了解现实生活中的许多数学问题，应先调查研究、分析数据，通过分析做出判断，体会数据中蕴含着的信息；了解信息对同样的数据可以有多种分析方法，需要根据问题背景选择合适的方法；通过数据分析体验随机性，数据分析是统计的核心。

6.运算能力。能够根据法则和运算律正确地进行计算的能力。培养运算能力有助于学生理解运算的算理，寻求合理的运算途径解决问题。

7.推理能力。推理能力的发展贯穿在整个数学学习过程中，推理是数学的基本思维方式，也是学习和生活中经常使用的思维方式。

8.模型思想。模型思想的建立，是体会和理解数学与外部世界联系的基本途径。建立求解模型的过程包括：问题抽象，用数学符号建立方程、不等式、函数等表示数学问题中的数量关系和变化规律，求出结果并讨论意义。这些内容的学习有助于初步形成模型思想，提高学习数学的兴趣和应用意识。

这些数学的核心素养，可以借助教材直观地体现在书本的各个环节里。小学数学知识结构单一，呈现方式灵活，许多数学思想、数学法则和数学规律往往依附于一定的感性材料，许多数学问题都能够从实际生活中找到原型，甚至有一些数学问题实质上就是日常生活中现象的翻版，直接显示出生活意义。

（二）父母可以配合学校做哪些数学学习活动呢？

1.口算练习。口算是一种能力，口算是可以训练并提高的。口算好的孩子，可以节约大量的时间，提高作业效率，所以希望父母能够让孩子长期坚持这项训练。口算是有标准的，要对照学校的标准落实。

（1）数量。口算必须天天坚持，每天要做固定数量的题，不要因为孩子做得对就增加，孩子错得多就减少。

（2）速度。口算的完成最好是在规定时间内，如果五分钟的口算孩子做了半个小时，这个练习的意义就不大了。一般的要求是五分钟五十道题。当然，可以循序渐进，开始时可以数量固定，时间延长，直至达到合格标准。合格标准不是最终的目的，能够达标就要提出更高的标准，比如可以四分钟做五十道，三分钟做五十道。因为口算是能力，能力没有最高标准，只有高低之分。

（3）标准。标准可以从速度、数量、书写、方法几个角度来衡量。最高的要求是速度快、数量多、书写好、方法巧。在口算中有巧算的方法，父母要鼓励孩子挑战。

（4）评价。我们对孩子的学习任务的落实需要有评价，父母的评价形式可以根据孩子自己的情况灵活制定，但是没有评价的活动就等于没有最后完成。

2.计算训练。计算能力是学生最重要的一种能力，在每一次考核中都占分数的百分之七十。因为大部分数学题目最终都要以计算的形式呈现出来，所以计算能力的强弱，直接影响孩子的数学成绩。

目前来说，孩子们的计算水平在逐年下降，造成计算素养降低的原因很多：

第一，课程设置得太多，造成训练的时间减少。任何能力的培养都需要足够的时间，但现在国家课程、地方课程、校本课程等多种课程的极大丰富，很多能力需要快速形成，造成计算所占比例的下调。

第二，学生懒惰现象增加。学生不仅在家里会用磨蹭的方式减少训练的时间，在学校也是一样，学校是班级授课制度，老师会照顾整体水平，这样一部分学生的训练强度就不够。

第三，考察得不及时。学校的课时是根据教材设置的，给予老师考核的时间很少，所以就会出现讲后无时间考察的现象，孩子也会不重视训练。

3.计算方法练习。如果你觉得简单地让学生多做几道竖式题就是计算了，那么就是对计算狭隘的认识了。竖式计算只是我们计算的结果，并不是我们培养的最终目的。

（1）数感的培养。《小学数学标准》中提道：数感是人的一种基本素养，是人主动自觉地理解和应用数的态度和意识。具有良好数感的人，对数的意义和运算有灵敏而强烈的感悟能力。数感体现在许多方面，如理解数的意义，能用多种方法来表示数，能在具体的情境中把握数的相对大小关系，能用数来表达和交流信息，能为解决问题而选择适当的算法。

通俗地说：数感好的孩子会在数与数之间建立很多联系，因为有了这种联系，在不同的问题中就有了各种"灵活性"和"创造性"。

举一个例子：一个数感好的孩子在看到98时，不仅会想到它是"90+8"，也能想到"100-2"，还是49的两倍。于是，当计算类似"98+76"时，就不需要使用竖式，直接从76中拿个2给98就可以，心算一下就知道是174了。所以，培养数感，不是在弱化计算能力，而是在增强计算能力。

计算不再是单一的模式，而要求更多的灵活性和创造性。因为这种"灵活性"与"创造性"使得学生不停地探索数与数之间的各种关系，这种对数与数之间各种关系的熟悉感，不单对孩子的计算能力有很大帮助，对孩子的整个数学学习生涯也有莫大的帮助。

那么，培养数感的方法有哪些呢？

第一，在情境中进行运算。因为运算有了具体场景，而小学阶段孩子们的思维不是完全抽象式的，必须借助于具象的事物或场景。有了思维可依托的场景，就可以进行思考；有了思考，就有了各种创造性。这对年龄小、数学能力发展慢的孩子是很重要的。

第二，多听少教。除了书面的练习，孩子们非常需要在以孩子的思维活动为主的对话中进行学习，这种对话式的学习会促进他们主动地寻找独立解决问题的方法。有了思维活动，孩子就有了学习如何观察、实践各种灵活多样的创造性的机会，还有机会比较自己和他人所使用的不同策略。

在这个过程中，孩子不仅可以体会到因为自己的思考和创造，而得到别人的认可所带来的快乐，还能不断地同化和顺应自己接触或创造的不同概念和方法，从而促进其思维水平不断向前发展。

越早培养孩子的数感，孩子在学习数学的时候就更为灵活，更具有创造力，计算正确率也会更高。所以我们要充分利用家里的现有物品，和孩子一起培养数感。

（2）良好计算习惯的培养。你看到过孩子在卫生纸上演算吗？你看到过孩子在手心里演算吗？你看到过孩子在一个小笔头上演算吗？你看到过孩子们在撕下来的墙皮上演算吗？我告诉你，这些都是孩子很喜欢采取的方式。也许你会惊呼怎么可以？因为缺乏良好的计算习惯，孩子们的计算过程总是五花八门，在他们的眼里算对了就好了。

老师在教"四则运算"的时候，即使反复强调在运算的过程中，要借助运算线提示自己的运算顺序，但是孩子还是出现错误。

作为父母，从孩子第一次开始学习竖式计算的时候，我们就要让孩子注意"两本两线"。

第一个"本"是演算本，不要小瞧一个演算本，它可以培养孩子做事严谨的态度和做事先思后行的方法。

第二个"本"是计算本，每天做几道计算题，可以熟练地掌握各种算理，在促进熟练掌握算理的同时，提高计算的准确性，保证成绩优秀。

第一条线是折线。很多孩子拿到本后会天马行空不按照一定的顺序做题，这种习惯要不得，一个演算本中字的大小不同，每页想怎么用怎么用，这是不可以的，要让孩子根据题目的要求折好线。做事有规矩，而规矩要早立才行，等到发现问题的时候再改正，就很难了。

第二条线是竖式线。很多孩子觉得用尺子很麻烦，所以随手画随手写，书写非常不规范。但是老师们在分析试卷的时候，失分最多的就是孩子因为写得不规范而造成的错误。所以良好的书写习惯是正确率的保证，那些习惯不用尺子的孩子，写字也一定不按规矩。态度决定一切，就是这个道理。

（3）奖惩措施。对于孩子的训练也好，作业也罢，父母不能只是一味地夸奖，也要有对孩子的惩罚措施。赞美教育不是没有原则的教育，而是需要遵循一定的标准的。

（4）贵在坚持。任何能力的形成都需要一个漫长的过程，将某一件事当作一个习惯去做的时候，孩子的能力就形成了。

（5）学会尊重。很多父母要求孩子必须按照自己的方式计算，这是不对的。因为孩子们在学校里接触到的方法很多，只要孩子能用一种方法讲出道理，我们就要尊重，不要强求。另外现在孩子的创新意识很强，只要是适合孩子的方法，我们父母就要学会接受。

4.空间观念的培养。培养小学生初步的空间观念，是小学数学教学的目标之一。让学生建立空间观念，是新课程数学教学活动中的一项重要内容，也是学生应具备的一种基本数学素养。

从美学角度来讲，数学空间感就是依照几何透视和空气透视描绘出来的物体之间的远近、层次等，使其在平面上显现出立体的空间视角。从哲学角度来讲，就是人对由点、线、面所构成的事物的感知，是对事物宏观的把握。空间感在生活中随处可见，小到辨认方向、看地图，大到对一件事的线索的梳理、系统的分析、深层次的发掘，从而帮助我们做出正确的判断与科学的决定。

比如孩子在认识一些几何体的时候，父母就可以引导他们观察生活中的物品。比如在他们玩的积木中有许多长方体、正方体、圆柱体；他们见到的楼房、纸盒、箱子、书、烟囱等，也会初步使他们建立长方体、正方体、圆柱体的印象；他们玩的皮球、乒乓球给了他们球的直观印象。

又如孩子在一年级的时候就要学习"东南西北"，我们可以带着孩子在早晨观察太阳从东边升起的情景，观察房子的朝向。我们要以孩子熟悉的环境为基准，引导孩子观察、联想，并提升他们的空间感。观察、联想是小学生获得空间观念的主要途径。

再比如：在学习了基本图形后，让他们利用这些图形拼摆出喜欢的物品或图形；画一幅美丽的图画，动手折一折、剪一剪。我们可以引导孩子把一种图形变成另一种，比如把长方形变成正方形、梯形、平行四边形……充分发挥孩子的想象力，培养孩子的创造力。

空间观念的建立，对于孩子来说是一个非常难的过程。在课堂中受空间和硬件的限制，老师不可能给孩子提供足够的学具，那么父母就完全有条件来弥补。

（1）模型玩具。模型玩具既可以培养孩子的动手能力，也可以培养孩子的观察力，对于孩子空间感的建立也很有帮助。

（2）练习绘画。六到九岁的孩子学习绘画，可以激发孩子的创造力和想象力，再大点可以开发孩子的空间透视感。所以学绘画的孩子往往在空间与几何部分，比没有学习绘画的孩子更容易接受知识。

（3）社会实践。有人说在孩子幼年时给他一片沙地，他就可以成为一个数学家。孩子在玩沙土的时候就会锻炼造型能力、动手能力、想象力，所以玩沙土可以促进孩子空间感的建立。带着孩子去旅行，可以让孩子亲自丈量土地的广阔。任何一种社会实践都可以让孩子从不同角度感受空间的存在。

（4）鼓励动手。不要怕孩子不讲卫生，孩子愿意摸摸土地，就让他们摸一摸，这是孩子在感受平面和线条的存在；孩子愿意玩玩小石子，就让他们动手玩一玩，这是他们在感受"体"的存在，孩子动手的过程就是对空间的探索。孩子用剪刀剪纸、用手撕纸都是对平面图形的初步感受，这可以让他们知道平面是可以变大变小的，是有着不同的形状存在的……所以很多人都说不会玩的孩子不会学习，因为在玩的过程中，孩子用自己的触觉、视觉、听觉去感受着自己所生存的空间，而生活中处处都有数学。

5.数学逻辑思维的训练。逻辑思维是数学的一种重要思维能力，我们一定不能忽视。

（1）讲出来比算出来重要。表述清晰的孩子一般数学逻辑性也很强，但是不是说不会表述的人逻辑性就差？这不是绝对的。把心里想的讲出来，是孩子在展现自己的思考过程，这对孩子来说是非常困难的。

很多孩子的数学思维得不到开发，就是不知道自己是怎么想的，而完全是根据老师的样本套出来的，这对于现代数学课堂的学习是非常不可取的。

孩子在做作业的时候，可以让他把所思所想告诉父母，这样可以很好地开发孩子的思维。讲一道题比算一道题重要得多。很多父母让孩子不停地刷卷子，孩子成绩还提升不了，这就是孩子在一遍一遍地重复自己的错误，而父母又不能帮助孩子找到错误。所以，我们不如改变方法，让孩子把题讲出来，以此来判断孩子对知识的掌握情况。

（2）多种方法，比多做几道题重要。我们应该鼓励孩子在遇到问题的时候用多种方法去解答，激发孩子创新的思维。比如，孩子在练习的时候，鼓励他尽量多找到几种方法，不要单纯地认为只有计算才是方法，只要能把题目解答出来都是解题的方法。

（3）探究比听讲重要。很多父母在孩子遇到难题的时候，主动上阵给孩子讲题，这也是不可取的。我们应听听孩子能够理解多少，寻找方法帮助孩子把不理解的障碍扫清。我非常欣赏那些和孩子一起动手实验寻求真理的父母。有科学研究证明，孩子和孩子一起学习的效果，要强于孩子聆听老师讲课的效果，所以同龄人一起研究学习是最好的学习方法。其次是孩子和成人之间一起研究学习。最后才是听别人讲。

（4）创新比对照例题做重要。新时代培养孩子的创新精神是对整个教育行业的要求，也是家庭教育的风向标。我们要鼓励孩子打开思路，不要轻易否定孩子的判断，要让孩子在自我思考的过程中变得自信。孩子的世界是五彩缤纷的，他们经常可以给予我们成人很多奇思妙想。

如何辅导英语

　　有些父母认为自己的英语不好，甚至一点儿都不会，所以只能把孩子送去课外班，也有的父母认为小学阶段的英语只要背背单词就好，殊不知如今的英语学习，已经由简单的语言工具，提升为思维工具，孩子们面对的，是从知识学习到能力提升的跨越式调整。

　　在2011新课标的教改中，小学阶段对英语学习的要求是掌握基本的英语语言知识，具备基本的英语听说读写技能，初步形成用英语与他人交流的能力。尤其是三年级以后，对英语的阅读能力和口语能力已经有了很高的要求，要能对日常生活的话题作简短的叙述；要能在图片的借助下听懂、读懂，还要能讲述简单的故事；在老师的帮助下可以表演小故事或小短剧；要了解外国的文化和习俗……可以说是综合运用的语言能力。所以我们可以从几个方面来帮助孩子，学好英语。

　　（1）大量阅读，不仅要会读，还要会演

　　学英语要大量阅读、亲子伴读，其实如果孩子只是听到这本书的内容，没有吃透和学会其中的单词，这种阅读效率反而是低的。除了学校的课本朗读，建议父母为孩子购买一些简单的英文绘本和分级阅读原版故事书。有些孩子的性格急躁，喜欢翻翻这本，看看那本，看起来很快就看完了一本书，但其实什么都没看会，只是随意翻了翻而已。这时，父母可以请他表演一下他/她阅读的绘本内容，让他复述一下讲了什么故事。开始可以用中文，如果孩子能力比较强，也可以用英文。然后父母可以"向他请教"，其中有哪些关键单词，它们都是什么意思？如果有孩子不会的单词，可以一起查查字典，看看谁能最快地找出这个单词的意思。

万事开头难，刚开始的绘本阅读就力争每一本书读完孩子都可以如数家珍地自己用英文复述出来，这本书才算真正地物尽其用。而且孩子收获的成就感也是完全不同的，进入分级阅读也会更快，更容易进入自主阅读。

阅读原版书籍本就是相对枯燥的事情，所以有意思的内容就至关重要。刚开始可以使用漫画类的原版书，让孩子可以经常自己去翻阅。就算刚开始对英文没兴趣，只是单纯地看画也没关系。等到他积累了一些单词，再翻看这些书的时候，就会发现自己能看懂好多内容了，一旦父母发现孩子可以看懂一部分的英文内容，就可以适当地带着他学习一点里面不会的单词。如前文所说的各种方法来帮孩子真的将阅读转化为辅助学习的工具。

看原版书切忌贪多贪难，如果一上来就想带着孩子看原版的《哈利·波特》，就算故事再好，全是文字，孩子也会产生恐惧感和知难而退的畏惧感。

（2）用有趣的方法学会自然拼读

教孩子认识字母的时候，可以与他玩个游戏：看看这些字母可以变成什么样子？D像不像一个大肚子的孕妇？或者大肚子的男人？字母B像什么呢？b和B有什么关系？尽量让孩子自己发挥想象力，如果他想不出来，就给他一张纸和画笔，看看他能不能画出来。不建议父母一定让孩子画出什么，只是为了让孩子学习字母时更有兴趣而已。所以对不擅长画画，就算父母引导了也不愿意做联想的孩子，父母就需要有更多的耐心，探索其他的方式让孩子记得更快更好。

孩子通过联想对字母感兴趣时，父母需要引导他们尝试把字母写出来。

有了字母的基础，接下来是单词。如果仅仅是单词抄写两遍，看起来虽然很快地完成了作业，但孩子未必能明白它的含义和发音规律。所以写单词时，可以让孩子一边拼读一边写。比如bike，I的发音是自己的原音ai，所以可以一边写B、I、K、E，一边读b、ai、k，巩固自然拼读的规律。一边可以让孩子想想bike怎么跟自行车联系起来。它有没有看起来很可笑或者很好玩的地方？如果把每个字母连起来，它像不像一个人在骑自行车？

如果能在一年级时打好这样学习单词的基础，以后孩子看到就会自然地寻找拼读规律，通过有趣的方法自己记住这个单词的词义。

平时我们可以鼓励孩子经常做手绘卡片送给爸爸、妈妈或好朋友等他关心的人，将自己记得的祝福的英文句子都写在贺卡上，也可以尝试写自己记得的短句子，自己记得的小故事。

还可以做一些句子的扩写或缩写的游戏，看看怎么改写可以把句子改得好玩又有趣。高年级的孩子还可以尝试课外阅读时使用圈点、批注、摘抄等方式积累写作基础。

（3）早上5分钟，高效"磨耳朵"的听力学习方法

可以尽量在每天的早上，为孩子播放一个5分钟的英文童谣或者小故事。现在网上的资源也很丰富，购买的绘本也基本都含有音频朗读。早上听故事，是很多名师推荐的磨耳朵式的学习方法。有输入才有输出，多听，以后才能慢慢开口说，有自信地说。

有些人建议可以让孩子在刷牙、洗脸的碎片化时间里无意识地听，这是我不建议的。因为训练孩子高效地做一件事情本来就是很难的，让一个刚上小学的孩子利用碎片化时间，反而容易分散孩子的注意力，养成精神涣散的毛病，日后会更难培养高效专注的学习习惯。只有先养成高效的专注力，让孩子对时间有了概念以后，才能逐渐培养他们的碎片化时间管理。有意识、高度集中精神的5分钟，所收获的肯定要远远大于无意识的1小时不知所云。

对一门陌生的语言，孩子刚开始听不懂很正常，鼓励孩子先听单词。从故事中寻找自己能听懂的单词。第二天、第三天甚至一周都可以重复播放相同的故事内容，让孩子每天从中找到至少5个单词，如果其中有没学过的单词，父母需要帮助他找出这些单词的意思。通过一周的时间，将一篇小故事完全吃透，听懂。

半年坚持下来，孩子在小学阶段的听力就能跟得上。通过不断地扩大词汇量，坚持早上的磨耳朵时间，孩子不需要参加任何辅导班也可以轻松学好英语。

（4）角色扮演，让书本上的语言活起来

每天早上和晚上见到孩子的第一面，用英语说一句：Good morning，Good evening，Have a nice day，Enjoy your day……

这样的问候形式虽然汉语中也有自己的表达方式，但我们在生活中却很少这样去祝福孩子的一天。每天在校门口，听到父母与孩子离别时，都在殷殷叮嘱：过马路小心，在学校好好学习……时间久了，孩子不仅听不进去，反而还觉得父母唠叨。

"早上好"，"祝你有美好的一天"……这样祝福式的语境表达，用英语反而非常自然，不仅能帮助孩子感受到父母的关心和笑脸，还可以培养他们的礼貌习惯，无形中让孩子敢于用英语说话，培养英语语感和英语思维。

学校里，老师一般都会要求学生背诵课文，所以父母带着孩子先将课文大声朗读出来就显得尤为重要。朗读并记住课文中的内容，也才能在情景游戏中真的使用它，最后根据自己的心意随意组合，在真实的生活场景中应用这门语言。

情景游戏是我们模拟真实生活最有趣也是最有效果的方式，可以让孩子向你介绍自己，让孩子向你介绍他的爱宠、玩具、娃娃……通过这些介绍来了解英语思维中与中文不一样的说话方式。

刚开始可以仅仅是简单的一句话：我是谁。随着学习的深入，可以逐渐加入：我是谁的××；我是做什么职业的；我最喜欢的食物是什么；我最喜欢的活动是什么；我最喜欢什么课；这是我的好朋友××；他今天心情怎么样；他今天碰到了什么事情；今天是××节日，我们准备了什么样的庆祝计划……

由浅及深，每次制定一句话或两句话或三句话的小目标，让孩子有自信地找到英语学习的乐趣，从而更愿意表达。

对于英文中我们不习惯的时间、地点和位置的介词，父母可以和孩子们一起通过时间、地点的小游戏帮孩子们学习和复习。

最后，可以试着让孩子将学校学过的关于天气、去餐馆吃饭、去超市买东西等话题，通过角色扮演的游戏，模拟场景来鼓励孩子用英语表达。把孩子枯燥的英文作业变成好玩的能用的游戏，从而建立自信心，愿意学习英文。

（5）用表演的方式在情景和阅读中记住单词

现代社会，手机、电子词典等辅助设备的出现，让词汇学习不再是一件很难的事情，就算是完全不会英语的家长，也可以通过网络获得单词的发音和解释。新课标要求小学毕业的孩子要掌握600-700个单词，以及50个左右的习惯用语。如何反复操练让孩子熟悉这些单词，并能让他们在生活中应用，就特别需要父母的引导和帮助，为他们创造环境来刻意练习。父母可以通过几种方法来帮助孩子记忆单词：

① 总是记不住的单词，可以跟孩子一起把意思表演出来，尤其是词义比较相近的单词，表演更利于孩子快速记忆单词之间的差异。

② 与孩子一起寻找单词中的基础发音规则，比如cake/take/lake，bike/like等的发音规律，可以与孩子一起做游戏，看谁找到最多相同模式

的单词。欧美国家的小学生也是常常玩这种找单词、填单词的游戏，只有足够的积累，孩子才会逐步形成自然拼读的意识。

③ 指认游戏，将家里的电视、冰箱、床等家具都贴上英文单词，每天带着孩子指认这些物件的单词，当孩子记住发音后，可以帮助他记忆拼写，可以每天陪他过一遍各个家具的英文名称。

前面所讲到的所有方法，都有一个很重要的特点：有趣。用有趣的方法来引导孩子学习英文，来记住英文。如果一上来就觉得英文很难，孩子就会被抵触情绪掌控，再简单的学习也会变得很难。所以，不给孩子施加压力，而是用有趣的方式帮孩子养成良好的英语学习习惯，激发他们拥有自主学习的能力。

语言学习会深深地影响思维方式。查理大帝说："学会第二门语言，就好像有了第二个生命（To have a second language is to have a second soul）。"孩子多学一门语言，可以让他们拥有突破自己原有思维方式的可能，多一个维度看世界。

曾获美国国家科学基金会授予的突出职业贡献奖，当今研究语言与认知关系最有影响力的权威学者莱拉·伯迪斯基（Lera Bordisky）在研究中发现：一个人的语言习惯被改变时，思维习惯也会跟着被改变（当然母语在人的习惯性思维中依然起着举足轻重的作用）。

所以我们用积极的心态去帮助孩子了解英文国家的历史地理、风土人情、传统习俗、生活方式、文学艺术、行为规范、价值观念时，英语学习就已经不单单是知识的学习了，而是整个文化体系的学习。它不仅有益于英语的理解和使用，也有益于更加深刻地理解中文的文化与认识。

  未来，一定是走出去的时代，全球一体化，科技的力量……都会让孩子面临着我们不曾见过的，更多更复杂的挑战，培养孩子从小具有世界意识，成为国际化人才，拥有国际交流的能力，未来他们才会有不再一样的更广阔的天空。